JN074429

世界標準の交渉戦略

ウォール街・ハリウッドで
実践されるフレームワーク

岩崎明彦
Akihiko Iwasaki
著

中央経済社

は じ め に

　筆者は，大学を卒業してすぐに米国系投資銀行に就職し，企業の M&A（買収・合併）のアドバイザリー業務等を行う投資銀行部門に所属してキャリア人生をスタートした。

　M&A のアドバイザリー業務とは，企業に対してある会社との合併や買収提案を行い，ディール（取引）の交渉を行う仕事である。新人であったためディール交渉の前面に立つことはなかったが，非常にダイナミックな M&A の舞台裏を垣間見ることができた。

　M&A を行う際にはセル（売却）サイドとバイ（買収）サイドのそれぞれの企業にアドバイザーが就くのであるが，セルサイドのアドバイザーに携わった際には，買収企業を決めるためのビッディング（入札）を仕切る事務局に関わった。そのプロセスは，極めて冷静ながらも激しい情報戦，アピール合戦を含めた壮絶な交渉であった。

　また，日本を代表する某オンライン企業が IPO（株式公開）をする際の大型アドバイザーを決める際に，ライバル会社との激しい攻防を繰り広げて，大型アドバイザー業務を勝ち取るという歴史的な瞬間の交渉現場を目撃する幸運にも恵まれた。

　そこでは，まさに映画，ドラマのような劇的な交渉が連続して行われており，効果的なコミュニケーションを次々に繰り出す交渉のプロフェッショナルたちが巧みに英語を操りながら，日々，真剣勝負のディール交渉を行っていた。巨額のマネーが飛び交う企業の買収・合併劇が起こるウォール街は，サラリーマン人生駆け出しの私にとって，「交渉」という非常にエキサイティングでスリリングなものが世の中に存在することを教えてくれた貴重な場になった。

　その後，私が身を置くことになったのが，映画，ドラマをビジネスとし

ているハリウッドであった。そこでは，コンテンツホルダー側のハリウッド・スタジオが製作した映画やドラマを世界中の配給会社，テレビ局などに販売して宣伝するためのビジネスが行われている。

　毎年，新作のドラマや映画が発表される見本市が世界各地で開かれており，私も何度か出席する機会に恵まれた。LA Screening という5月にロサンゼルスで開催されるドラマの新作発表会には，世界中から1,000名を超えるテレビ局，配信事業者などの業界関係者が集い，目ぼしいドラマを探すために，血眼になって試写会をハシゴし，商談を行い，次々に新作を購入していく。朝早くから夕方まで，新作ドラマを購入したいテレビ局，配信事業者とコンテンツホルダー側との間で次々と商談が繰り広げられるのだ。

　一方で，夜になると，野外で華やかにライトアップされたパーティが開催され，主演の俳優陣やプロデューサーとともに会話をしながら時間を過ごすといった，華やかなショービジネスの雰囲気に包まれる。夜のパーティは一見すると，笑顔での談笑が行われているように見受けられるのであるが，実のところを探ってみると，そう優雅な舞台ではなかった。新作ドラマの評価を業界関係者で内々に共有し合い，ライバル会社に悟られないように，ディール（取引）交渉の作戦会議を行っているのが実態であった。まさにライバル会社を出し抜く，欺くための容赦ない情報戦，交渉が繰り広げられていたのである。

　私は，ウォール街の投資銀行において行われる M&A の舞台を垣間見て，国境を股にかけたようなスリリングな「交渉」の舞台の面白さを味わった。また，ハリウッドビジネスでは，数々の激しいディール（取引）交渉が行われていたが，ドラマのような劇的な結末を迎えたディールや大型で長期的なディールなど，数々のディール交渉に主体的に携わった。

　何とか，この「交渉」というものの持つダイナミズムや駆け引きのノウハウを体系的に身に付けたいと思った。また，外国人を相手にした交渉で

用いられる英語の独特な使い回しや専門的な単語についても紹介をしたいと思った。

　しかしながら，日本では「交渉戦略」という分野を大学で学ぶこともない。また，会社員になった後も，交渉を体系的に学ぶことができる学校などを探してみたが「マーケティング戦略」「リーダーシップ論」「新規事業開発」のような MBA の講座に入っているような科目とは異なり，なかなか専門的で体系だった交渉理論やスキルを身に付ける学びの場もなかった。

　そこで，ハーバード大学の交渉学に源流を持つワークショップに泊まり込みで数日間参加して，研修を積んだこともあった。当該ワークショップでは，交渉を学問として捉えており，理論的に体系立っていたが，日本の商慣行にフィットしない部分が多く，実践とかけ離れてしまっているので，実務のビジネスには適用できないと感じた。

　その後，日々のディール交渉をしている私なりに感じたことを踏まえ，自分なりの「交渉フレーム」をゼロから作り直し，日本の商慣行に寄り添う形で構築した内容をまとめたのが本書である。

　学問としてではなく，あくまでもビジネスで適用することのできる「交渉戦略」としてロジックの構築を試みた。

　本書は，そうした経緯を踏まえながら，私なりに構築した交渉戦略論である。まだまだ発展途上の段階ではあるが，少しでも日本のビジネス社会において「合意ありき」の交渉ではなく，合理的で実りの多い交渉が数多く行われるようになるために，本書の内容がその一助になれば，本望である。

　なお，本書で提示している内容はすべて筆者の個人的な見解・考え方であり，J.P. モルガン証券，ウォルト・ディズニー・ジャパンの見解では一切ないことを念のために申し添えておく。また，誤字脱字，その他の内容面での不備があれば，その責任も全て筆者によるものである。

2022年3月

岩崎明彦

Contents

Chapter 0

交渉戦略の重要性

　さて，読者の皆様は「交渉」についてさまざまなレベルでかかわりあいを持っていると思う。毎日のようにクライアントの元に足繁く通い，商談を進めて，取引を拡大している営業担当者もいると思うし，そんな営業をサポートする立場の法務部，総務部の人もいるであろう。あるいは，部下があげてくるレポートを読んだり，聞いたりして，交渉の進展具合が心配で仕方がないマネジメント層もいるだろう。

　立場は異なると思うが，日々のビジネスにおける交渉では，「困った場面」に遭遇することがある。そういった場面で活躍するのが「交渉戦略」である。

　まずは，そのフレームワークを頭の中に入れて，社内で共有するところからスタートする必要がある。

なぜ交渉戦略を学ぶ必要が あるのか

■交渉現場でよくある困ったこと

日々のビジネスにおいて，「交渉」を避けては通れない。しかし，交渉現場においては，以下のような困った場面に遭遇することがある。

Case 1　折り合いがつかず，身動きが取れなくなる

クライアント（お客さん）との間で商談が進展しており，だいたいこの位の条件であれば合意できるという目安をつかむことができた。しかしながら，一方では，社内の承認プロセスを経る必要がある。具体的には，稟議や決裁会議などで上司や経営陣の OK をもらわねばならない。そこで，上司に報告したところ，どうやら社内の承認をとることが難しいという反応であった。

クライアントに寄り添って，取引を成立させようとすると社内で承認がとれない。逆に，社内で承認がとれるような条件を考えてクライアントに提示をすると，クライアント側は「そんなに厳しい条件は呑めない」と首を縦に振ってくれない。つまり，クライアントと社内の承認プロセスの間に挟まれてしまって，身動きがとれない状況に陥ってしまった。いったい，どうすればよいのか？

Case 2　指示が複数あり，次の一手を決められない

社内の定例ミーティングで自分の担当しているプロジェクトの交渉について進捗報告をした。あまり進捗がよくない現状を報告した途端に，そのミーティングに出席しているメンバーから，激しい突っ込みや指摘・コメントを受けて困ってしまう。

「この金額は安すぎじゃないか？」「メールじゃなくて，会いに行って話をしてきたほうがよい」「何とか長期的なパートナーシップを結んでくれないか」などなど。直接の上司や横の部署，さまざまな出席者が思いつくままにコメントや発言をする。

　あなたとしては，一生懸命にアドバイスを活かそうと必死に耳を傾けるが，まったく整理されていない状態で次々にコメントを言われる。頭の中が完全に混乱してしまい，交渉担当者としてどのように次の一手を打てばよいのか，わからなくなってしまう。

　ミーティングが終わった段階で，「会社からの指示はいったい何であったと解釈すればよいのであろうか」と途方に暮れる。

Case 3　合意した結果が成功か失敗かわからない

　頑張って交渉をして合意にたどり着いたディール（取引）について，果たして本当に良いディールだったのか，誰もわからないという状況である。
「交渉」については，本来はマネジメント層や営業のトップが，適切なフレームワークを用いてディールを評価・分析する能力を身に付けていることが必要であるが，なかなかそこまで出来ていない会社も多い。

　結果として，本来であれば「合意すべきでない条件」で合意したディールも，担当者の熱意と中間管理職のアピール（マネジメント層に対して「非常に良いディールを合意しました！」というストーリーの報告になっていることが多い）によって，誰からもきちんとした評価をされることなく，何となく「良かったね」ということになってしまう。

Case 4　終盤戦の交渉で不利な条件を呑まされる

　交渉取引先の海外企業からの提案内容には，自社にとって受け入れにくい条件が入っており，交渉のために面会した際に，何とか希望の条件を検討してもらうように交渉相手に口頭で伝えたいと思っていたが，ミーティングの冒頭で

以下のように言われてしまい，それ以上，何も言えなかった。

This clause is not negotiable.
（この条項は交渉する余地がありません。）

　さらに，不利な状況のまま交渉が進んでいった終盤戦に最後の反撃を試みたものの，以下のように言われる。

If our proposal is not agreeable, we need to find another partner.
（もし私たちの提案が合意可能でないならば，他のパートナー候補との話を開始しないといけません。）

　ディールブレイク（交渉決裂）をちらつかされて，ついつい不利な条件のまま合意をしてしまった。

■「グローバルな交渉戦略」を学ぶことが必要な理由

　上記のような「困った場面」はなぜ発生してしまうのであろうか。

　それは，「交渉」に関する体系だった戦略や論理の共有がない中でディール交渉が行われてしまうため，ディールの交渉中に適切なアドバイスや指示が出されず，交渉終了後にも適切な振り返りがされないからである。

　本来であれば，同じ言語を使い，同じフレームワークを用いて議論したり，評価・分析することが不可欠であるが，そうしたことが行われていないのが，多くの日本企業の実態である。

　海外企業の交渉相手が多少なりとも交渉戦略について知識やノウハウを有しているのに対し，多くの日本企業においては，どうやって交渉を進めていくかという方法論や戦略が欠けているのである。

　本書を読み終わる頃には，上記のような問題がすべて整理され，解決されるはずである。まずは，「交渉戦略」のフレームワークを頭の中に入れて，社内で同じフレームワークを共有するところからスタートしよう。

0-2 交渉戦略は「ビジョン」を実現するゲームプラン

■交渉戦略とは何か

では，交渉戦略とは一体どのようなものであるか，説明をしていきたい。

まず，経営戦略との比較をしながら，交渉戦略の定義づけを行っていこう。

企業が経営戦略を考える際には「ビジョン」を作ることが多い。ビジョンとは将来このような状態になりたいというイメージである。10年後の長期的なものもあるし，3年から5年後の中期的なものを策定することも多い。

企業・事業がいま置かれている現状から，どのようにしたら策定したビジョンを実現することができるのかについて，大きな方向性やステップをまとめたものを「経営戦略」と呼ぶ。

交渉戦略も，交渉をした後に実現したいビジョンをイメージすることから始まる。経営戦略とは異なり，中長期的なイメージである必要はなく，より具体的，短期のイメージである。

例えば，「新規の販路を開拓するパートナーと販売契約を締結し，来年度の売上を50%増加させること」「既存契約をリニューアル（更新）する際に，契約期間を2年間から5年間に長くしてもらうこと」など，より具体的な数値や条件を盛り込んだ形で交渉が終わった時点で達成していたい状態をイメージする。

あなたの会社が置かれている現状と比べた際に，どうやったら，交渉後のビジョンを実現することができるのかの大きな方向性やステップをまとめたものが交渉戦略である。

■いかにうまくゲーム運びをするかがポイント

交渉は，スポーツの試合やカードゲームなどのゲームをすることに似ている。自分と相手の力量を適切に分析をして，相手の弱点を突くなどの駆け引きをしながら，いかにうまくゲーム運びをして，勝利に導く（有利なディール条件を勝ち取る）か。その点においてゲームプランは必須である。

「交渉戦略」とは，交渉というゲームをするにあたっての「ゲームプラン（＝作戦)」である。

図0-1　交渉戦略とビジョン

交渉戦略はゲームプラン（＝作戦）

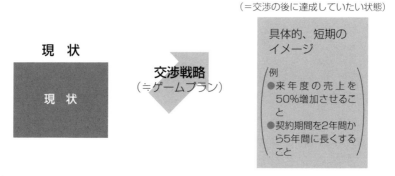

現　状

現　状

交渉戦略
（≒ゲームプラン）

ビジョン
（＝交渉の後に達成していたい状態）

具体的、短期の
イメージ

例
●来年度の売上を
　50％増加させるこ
　と
●契約期間を2年間か
　ら5年間に長くする
　こと

0-3 交渉の目的（Goal）

■2つの目的

さて，ビジネスにおいて相手と交渉をする目的は何であろうか。どんな条件であろうとも交渉相手との合意にたどり着けることだろうか。それとも，交渉において相手を叩きのめすことであろうか。答えはどれも No である。

交渉の目的とは，以下の2つであると私は考えている。

- 考えられる選択肢（Alternatives）の中で，自社にとってベストな選択を行った上で，合意または合意しないこと
- クライアントと長期的で良好な信頼関係を築くこと

■日本では「先に合意ありき」の交渉が多い

1つめの目的に関して言うと，「合意または合意しないこと」という箇所が重要である。

日本の場合には，どうしても「合意すること」を重視し過ぎる文化があり，「先に合意ありき」の交渉になることが圧倒的に多い。

客観的な立場から自社にとっての影響を考えると「合意すべきでない取引条件」というものが存在するのであるが，目の前の交渉を合意に向けて頑張っていると，どうしてもその境目がわからなくなってしまうのである。

巷で行われている「交渉術」の講座や書籍などでも「合意形成」を交渉のゴール（目的）とするものが少なくない。もちろんそれ自体は素晴らしいのであるが，あまりにも合意を目指し過ぎると，自社が不利益を被る条件でも取引を成立させてしまうことがある。そうした「合意ありきの交渉」は避けなければいけない。

本書で取り扱う交渉戦略は「合意すべき取引条件」と「合意すべきでない取引条件」の間に線引きをして考える。

　場合によっては「合意しないこと」があなたの会社にとってはベストな選択である，というのが本書のお伝えしたいメッセージの１つである。

■良好なパートナーシップを構築するための交渉

　２つめに関して言うと，交渉は短期的な「勝つか」「負けるか」のゲームという要素が存在する。

　しかしながら，日本でのビジネスを考えた場合，短絡的に相手を「叩きのめす」「出し抜く」といった交渉は，交渉相手のみならず業界や社会全体からの信頼感を失くしてしまうことにつながりかねない。結果として，中長期的な視点から見ると，社会や取引相手からの信頼を損ねるそのような交渉は，会社にとってネガティブな影響を与え得る。

　本書で取り扱う「交渉戦略」は相手と信頼関係を築き，長期的に良好なパートナーシップを構築することを目的とする。

図0-2　交渉の目的

「交渉」を活用して目指す成功イメージ

　① 考えられる選択肢（Alternatives）
　　 の中で，会社にとってベストな選択
　　 を行い，合意または合意しないこと

　② クライアントと長期的に良好な信頼
　　 関係を築くこと

0-4　交渉の5つのフェーズ

■交渉戦略のフレームワーク

　それでは，具体的な交渉戦略の中身に入ろう。まずは，交渉戦略のフレームワークを整理する。

　交渉は「分析・検討」「交渉戦略の立案／提案内容の決定」「提案・交渉」「判断」「合意・決裂（ディールブレイク）」の5つのフェーズに分かれる。

図0-3　交渉の5つのフェーズ（Negotiation Five Phases）

■分析・検討

　この1つめのフェーズでは，どの程度強気なスタンスで交渉に臨むことができるかという「交渉力」を分析・評価をしてスコアリング手法を用いてポイント化する実践的な方法を紹介する。また，「交渉相手のインタレストを探る」ことの重要性や具体的な方法について紹介をする。

■交渉戦略の立案／提案内容の決定

2つめのフェーズでは，数多く存在する「交渉関数」のうち，特に重要な「プライス（価格）」，「ボリューム（取引量）」，「契約期間」について，どのようにして適正なプライスや条件を決めるべきかについて説明をする。「最終防衛ライン」，「アンカリング手法」などの実践的な交渉戦術についても言及する。

■提案・交渉

3つめのフェーズでは，具体的な提案を行う相手となるキーパーソンを見極めることや，交渉を「会社ごと」にすることの重要性を説明する。また，事前の準備（ロールプレイング／成果の確認／ボールをどちらが持つかの確認）によって交渉の成否の90%が決まることを説明する。

■判　　断

4つめのフェーズでは，BATNA（Best Alternative to Negotiated Agreement）と呼ばれる「対抗馬」「相見積もり」と比較して判断すべきことを説明する。また，自らBATNAを作り出す重要性についても述べた後，ディールブレイクに関する日米の考え方の違いについて言及する。

■合意・決裂（ディールブレイク）

最後5つめのフェーズでは，交渉力の強さに応じた7つの類型化された「合意」もしくは「決裂（ディールブレイク）」の分類について紹介をする。また，交渉力が極めて弱い場合の戦略について，交渉戦略のフレームワークを超えた議論の可能性を展開する。

■本書のポイント

　1つひとつのフェーズは独立して存在し得るように記載を工夫したつもりであるが，それぞれのフェーズの内容が連携している部分もあるため，できる限り，本書の構成通りに読み進めていただくことをおすすめする。

　また，本書の中で，外国人を交渉相手にするときに用いると効果的な英語の言い回しや専門的な用語についても散りばめたので，英語での交渉の前に頭に入れてから交渉のテーブルに着いていただきたい。

　それでは，以下のページで，5つのフェーズに沿って，順番に説明をしていきたい。

Summary

- ●交渉現場で困ってしまう典型的なケースとして以下の４つがある。
  - ▷クライアント（お客さん）と合意可能な条件と社内で承認される条件の間に挟まれてしまって，身動きがとれない状況に陥ってしまう。
  - ▷交渉の途中で進捗を報告すると，さまざまな立場から整理されていないコメントや指摘があり，どうしたらよいかわからなくなってしまう。
  - ▷交渉が終わった後に，良いディール（取引）であったかどうかの評価・分析が行われない。
  - ▷交渉の終盤戦でディールブレイク（交渉決裂）をちらつかされて，ついつい不利な条件で合意してしまう。

- ●日本企業の多くでは「交渉」に関する体系だった戦略や論理の共有がない中でディール交渉が行われてしまうため，ディールの交渉中に適切なアドバイスや指示が出されず，交渉終了後にも適切な振り返りがされないことが多いと感じる。

- ●交渉後の「ビジョン」を実現するための大きな方向性やステップをまとめたものが「交渉戦略」である。

- ●「ビジョン」は，中長期的なビジョンである必要はなく，短期で良い。具体的な数値や条件を盛り込んだ形で，実現したい状態をビジョンとしてイメージする。

- ●交渉のゴール（目的）は以下の２つである。
  - ▷1つ目は，「考えられる選択肢の中で，会社にとってベストな選択を行った上で，合意することまたは合意しないこと」である。
  - ▷2つ目は，「クライアント（お客さん），交渉相手と長期的に良好な信頼関係を築くこと」である。

- ●交渉戦略は「分析・検討」「交渉戦略の立案／提案内容の決定」「提案・交渉」「判断」「合意・決裂（ディールブレイク）」という５つのフェーズで構成される。

Chapter 1

—フェーズ1—
分析・検討

　交渉戦略を立案するためには，まず会社の商品・サービスの「交渉力」を正確に把握する必要がある。

　交渉力とは，交渉相手との力関係において，どの程度強気に交渉を行うことができるかについて，定量化（数値化）したものである。

　交渉力を評価，分析することが必要であるが，どのような手法を用いればよいのであろうか。

　Chapter 1 では，商品・サービスの交渉力分析のフレームワークをご紹介する。

Case 1　ゲーム企画会社における 大手取引会社との契約更新

　あなたは，大ヒットしたゲーム作品「モリステ（Moriste）」の企画・開発会社であるエンステーション社に勤めている。毎年恒例の人事異動があり，ゲームの販売をしてくれるオンラインストアやプラットフォーム各社との折衝を行っている営業部への配属が決まった。

　これまでのキャリアは企画や管理が多く，営業の最前線に出た経験はない。上司からは「君のこれまでの会社への貢献を高く評価している。営業での経験を積んで，将来の会社の中核を担っていって欲しい」という期待の言葉をもらい，営業部長としての肩書で異動することになった。

　前任者からの引継ぎをすぐに開始し，数多くあるクライアント企業との取引状況を頭に入れるべく資料を見ていたが，大手プラットフォーム A 社との契約リニューアル（更新）が 4 ヶ月後に迫っているということであった。

　前任者によれば，まだ A 社との交渉は開始しておらず，あなたにとっての最初の大仕事は，A 社との契約交渉になりそうだ。

　A 社はアメリカを発祥とするグローバル企業であり，数年前までゲーム市場で圧倒的なシェアを握っていたが，最近では新たなゲームの新たなオンラインストアの台頭もあり，やや劣勢に置かれている。エンステーション社にとっては大事なパートナー先ではあるが，ゲーム事業の売上に大きく依存している状況ではない。

　さっそく営業部に着任した翌週に，A 社の本社に所属する Mark という交渉相手から以下のようなメールが届いた。

> Nice to e-mail you. As we have presented to you at the Licensee
> gathering, many Japanese consumers love your "Moriste" and the

revenue from Moriste was top-ranked last year. We do appreciate the long-standing partnership with EnStation.

As you are aware of it, our existing contract will expire in coming 4 months. We are hoping to start discussion regarding renewal sooner rather than later. Looking forward to working with you going forward.

With best regards,
Mark

（はじめまして。ライセンシーの業界イベントで発表させて頂いた通り，「モリステ」は多くの日本の消費者に愛されており，昨年は「モリステ」が売上でトップでした。私たちはエンステーション社との長年のパートナーシップを非常にありがたいと感じています。

ご存知の通り，御社との既存契約は，あと4ヶ月で契約満了日を迎えます。私たちとしては契約更新に関する討議を早く始めたいと希望しています。あなたと今後ビジネスをご一緒することを心より楽しみにしています。

敬具
マーク）

　前任者から聞いてはいたが，ライセンシー（A社にゲームを提供している会社）の中でも昨年度No.1の売上をあげており，A社にとってエンステ社は「なくてはならない存在」のようである。契約リニューアルの交渉を開始しなければならないが，どこから手を付ければよいかわからず焦ってしまう。

　そんな時に上司に相談をしたところ，まず「A社にとっての1番の経営課題はどんなことがあるのか？」と聞かれた。A社のことは知っているようで，実はどんなニーズがあるのか，どんなことで困っているのか全然把握できていないことに気づいた。

1-1 交渉力分析の5つの要素

■分析のフレームワーク

　商品・サービスの交渉力を分析するには，「自社分析」と「外部環境分析」を行う必要がある。その上で，どのくらい強く交渉相手に接することができるのかを導き出す。

図1-1 「交渉力」分析フレームワーク

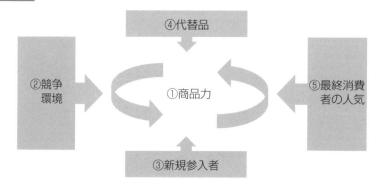

■5つの要素

　まず，自社の商品やリソースに関する自社分析としては「①商品力」が存在する。次に，市場や顧客，技術革新などの外部環境分析として「②競争環境」「③新規参入者」「④代替品」そして「⑤最終消費者の人気」という要素が存在する。

　交渉上の立場を決定する上では，あくまでもあなたの会社の商品・サービスが持つ「商品力」が核になるが，それ以外の要素も交渉力に影響を与えるため，注意深く分析して，現状を把握する必要がある。以下，「交渉力」分析フレームワークに登場する要素を順番に説明していこう。

1-2 【要素①】商品力

■商品力の3つのカテゴリー

　商品・サービスの交渉力を分析する上で，出発点となるのが，自社の商品・サービスが交渉相手にとってどのような存在であるか？　を正確に把握することである。この自社の商品・サービスの交渉上の強さを，「交渉力」分析のフレームワークにおいては「商品力」と呼ぶ。

　この「商品力」は，大きくマストハブ（Must-Have），ナイスツーハブ（Nice-to-Have），コモディティの3つのカテゴリーに分類することが可能である。実際には，世の中に存在する商品やサービスの有する商品力には，強弱のグラデーションが存在し，3つの分類の間に位置するものもあるが，ここでは説明の便宜上，大きく3つに分類できるものとして話を進める。

図1-2　商品力の分類

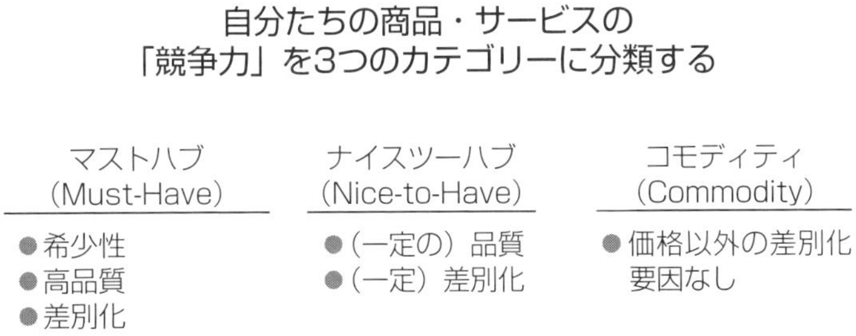

自分たちの商品・サービスの「競争力」を3つのカテゴリーに分類する

マストハブ (Must-Have)	ナイスツーハブ (Nice-to-Have)	コモディティ (Commodity)
● 希少性 ● 高品質 ● 差別化	● （一定の）品質 ● （一定）差別化	● 価格以外の差別化 　要因なし

■なくてはならない＝マストハブ（Must-Have）

　マストハブは文字通り交渉相手にとってなくてはならない商品・サービスである。

　言い換えると，かけがえのない存在，自社の商品抜きでは交渉相手のビジネスが成り立たない状況である。

　マストハブであるかどうかについて，どのような分析をすればよいのであろうか。このカテゴリーにポジショニングできるのは，以下の3つの要素を兼ね備えている場合である。

　それは，あなたの会社の商品・サービスに希少性があり，高品質であると認められており，差別化されている場合である。このような場合には，最大の「商品力」を有するカテゴリーに分類されるため，非常に強気な交渉戦略の立案を検討することが可能になる。

Example　自動車メーカーとマストハブ

　ある自動車メーカーにとって，クルマの自動運転を制御するための独自のAIを作るソフトウェア（OSレベル，サービスレベルなどさまざまなレイヤーが存在するが）を作る会社が存在しており，そのソフトウェアは高品質であり，今のところライバル会社も存在しないという状況が仮にあったとすると，そのソフトウェアを作る会社の商品（ソフトウェア）は「希少性」「高品質」「差別化」という3つの要素を兼ね備えており，間違いなくMust-Haveの商品力を有する。

■あるに越したことはない＝ナイスツーハブ（Nice-to-Have）

　ナイスツーハブというのは，「あるに越したことはない」という意味である。逆を言えば「なくても大して困らない」ということである。一定の品質はあるとみなされていて，一定の差別化もされている。交渉の仕方によっては，良い条件を勝ち取ることも不可能ではないが，あまりに強気な交渉は避けたほうがよいであろう。

■代替可能＝コモディティ（Commodity）

　コモディティに分類された場合には，残念ながらあなたの会社の商品・サービスが交渉相手からみると「代替がいつでも可能」であり「安ければ安いほど良い」という価格競争をはじめとした極めて厳しい競争環境に置かれている。このカテゴリーに自社の商品・サービスが分類されてしまう場合には，強気の交渉を行うことは極めて難しく，交渉戦略上，とり得る選択肢もそう多くはない。

　まずは，あなたの会社の商品・サービスが有する交渉上の「商品力」を把握するのが大事である。

1-3 【要素②】競争環境 (BATNA)

■競争環境の分析・把握

次に「競争環境の分析・把握」である。

交渉相手があなたの会社にどの程度依存しているかを冷静に見極める必要がある。これが競争環境という要素である。

あなたの会社以外にも，取引に応じてくれるライバル会社がたくさん存在するか？　交渉相手にとってBATNAはあるのか？　あるとしたらどんな内容なのか？　を知ることが大切な作業である。

■BATNA

BATNAについては，後に詳述するが「対抗馬」「相見積もり」というような意味であり，交渉相手から見た場合に，あなたの会社以外のライバル会社A社，B社から提供される商品やサービスがある場合には，「交渉相手がBATNAを持っている」と表現する。

BATNAがある場合には，どのような条件（ライバル会社の商品は，自社商品よりも高品質か？　価格は安いか？）であるのかを把握することが極めて大事であり，そのBATNAの有無・内容を把握した上で，「交渉力」を把握し，交渉戦略を立案することになる。

仮に「商品力」がナイスツーハブに分類される状態であったとしても，同じカテゴリー（分野・領域）において，交渉相手がライバル会社とまだ商談を開始していない場合，つまり，交渉相手にBATNAが存在しない場合には大きなチャンスである。あなたの会社の商品・サービスが有する交渉力は（一時的であったとしても）上昇する。

この時にとるべきゲームプラン（作戦）は極めて明確である。すぐに交渉を始めて，時間をかけずに早く合意にまでたどり着くことが肝要である。ライバル会社との話を始めさせる時間的・精神的な余裕がないように，細かい条件は譲歩したとしても，スピード最優先で急いで交渉を妥結することが最良なゲームプランになる。

■交渉力に大きな影響を与える BATNA の存在

あなたの会社にとって BATNA が存在しているかどうか？　存在しているとすればどんな取引条件か？　というポイントは，当然ながら交渉力に大きな影響を与える。

現在，交渉している相手以外に，あなたの会社の商品やサービスを買ってくれそうな有望な会社が存在し，比較的良い条件が見込まれる場合には，目の前の交渉が決裂しても怖くない。したがって，強気で交渉を進めることができるのは，言うまでもない。

本書では，あなたの会社にとっての BANTA は，「交渉力」ポイントに含めるべき要素とは定義せずに，後述するような交渉が大詰めを迎えて「合意するか」「決裂すべきか」の「判断」をする段階で活用するという論理構成をとっている。

あなたの会社（自社）にとっての BATNA（交渉相手にとっての BATNA ではない）の取り扱い方については，特に重要なポイントであるため，後ほど Chapter 4 で詳述する。

1-4 【要素③】新規参入者

■新規参入による影響

　同じカテゴリー（分野・領域）に「新規参入者」が入ってくる場合にも，あなたの会社の商品・サービスの「交渉力」に影響を与える。業界に新規参入者がいる場合，「交渉力」にはどのような影響を与えると考えればよいだろうか？

　自社の会社の商品・サービスと同じような商品を提供する側（売り手）に新規参入が入り，増えるのであれば，有する交渉力は下がる。交渉相手から見た場合に，あなたの会社の商品・サービスは複数ある選択肢の１つになってしまうからである。

　一方で，買い手側に新規参入が入るのであれば，交渉力は増加する。あなたの会社から見た場合の交渉相手である売り先が増えるからだ。

1-5 【要素④】代 替 品

□既存の存在を脅かすもの

　あなたの会社の商品・サービスを代替してしまうような新たな商品・サービスの登場が「代替品」という要素である。技術革新を伴って，新たなサービスが生み出されて，既存サービスを脅かすことなどが思い浮かぶ。

Example　映像産業と代替品

　映像産業においては，これまで劇場で映画が公開され，その後に DVD を販売・レンタルする事業者がおり，放映をするテレビ局があってビジネスが行われてきた。そこに技術革新を背景にネットフリックスに代表されるような動画配信サービス事業者が現れた。

　あなたの会社が DVD 販売事業者やテレビ局であれば，動画配信サービス事業者の登場は，「交渉力」を下げる方向で作用するであろうし，あなたの会社が映像，アニメなどのコンテンツを販売する会社であれば「交渉力」は増大するであろう。

1-6 【要素⑤】最終消費者の人気

■交渉力に間接的に影響を及ぼす

交渉力に影響を与えるのは，直接の交渉相手だけではない。

例えば，買い手である企業が，あなたの会社の商品やサービスを適正に評価してくれずに，不当に買い叩かれている状況だとしよう。

この際に交渉力に影響を与えるのが，買い手企業の先にいる「最終消費者の評価」や「人気」である。

仮に，あなたの会社の商品やサービスが最終消費者から絶大な支持をされ始めたとしよう。最近であれば，インスタグラムなどの各種SNSで少数の最終消費者の投稿によってバズり，あっという間に世間に認知が拡がる事例も多い。こうした場合には，直接の取引相手・交渉相手にも「世間でバズっている」ことを伝えることで，あなたの交渉力は増すであろう。

一方で，最終消費者の人気はあくまでも認知や話題作りに過ぎず，最終的な商品購買といった行動変容にまではつながらないことも多い。そういう意味では，「最終消費者の人気」は，あくまでも，間接的にあなたの会社の商品やサービスが有する交渉力が増すためのサポート材料という位置づけとみるべきである。

1-7 交渉力のスコアリング（Scoring）

　前述の５つの要素を勘案した上で，自社の商品・サービスが有する交渉上の強さを示す交渉力について，スコアリング手法を用いて定量化・数値化をしてみよう。

■自社分析

　次ページの 図1-3 を見ていただければわかると思うが，まずは「①商品力」を「マストハブ」「ナイスツーハブ」「コモディティ」の３つに分類するところが出発点になる。マストハブであるという評価がされた場合には10ポイントが付与される。

　同じようにナイスツーハブの場合には５ポイント，コモディティという分類の場合には３ポイントが付与される。これを初期ポイントとしてスコアリングを行っていく。

■外部環境分析

　次に「②競争環境」「③新規参入者」「④代替品」などの外部環境分析を行い，初期ポイントに対して新たなポイントを加えたり，逆にポイントを減じたりする作業を行っていく。

　「②競争環境」については前述の通り，交渉相手にBATNA が存在するかどうかという視点で評価をする。もし交渉相手にBATNA が存在しなければ，あなたの交渉力は増大するため「１」ポイントをプラスする。交渉相手にBATNA が存在している場合には「１」ポイントをマイナスする。

　「③新規参入者」についても，あなたが売り手のケースを想定してみると，

図1-3　交渉力のスコアリング

		マストハブ	ナイスツーハブ	コモディティ
自社分析	①商品力	10	5	3
外部環境分析	②競争環境	+1 (交渉相手にBATNAなし)		−1 (交渉相手にBATNAあり)
	③新規参入者	+1 (交渉相手側に新規参入)		−1 (当社側に新規参入)
	④代替品	+1 (交渉相手側に代替品)		−1 (当社側に代替品)
	⑤最終消費者の人気	+2 (人気が非常に高い)	+1 (人気高い)	0 (人気高くない・不明)

交渉力ポイント
(合計点)

買い手として新しいプレーヤーが参入してくる場合（交渉相手側に新規参入がある場合）には，あなたの交渉力が増大するため，「1」ポイントプラスする。同じように「④代替品」についても評価を行う。

　また，最後の「⑤最終消費者の人気」については，直接の交渉相手ではない最終消費者の人気が高いという評価ができる場合には，人気度によって1，2ポイントを付与する。あまり消費者の人気が高くない商品や人気がわからない場合には加点も減点も行わない。

　こうして「①商品力」の初期ポイントからスタートして，外部環境の評価によってポイントの加減を行う。結果として算出された合計点が交渉力ポイントであり，これから行おうと思っているあなたの会社の商品やサービスが有する交渉力を定量化した数値になる。

1-8 スコア別の交渉戦略の検討

それでは，定量的に算出された交渉力のポイントに応じて，どのような交渉戦略を立案すればよいのだろうか。

交渉力の強さごとによって，とるべき具体的なゲームプランや判断・選択が異なってくる。

■交渉力ポイントのスコアが「10〜15ポイント」のケース

このケースでは，相当に強い交渉戦略を立てることが可能である。交渉相手との折衝を重ねても合意可能な範囲に条件が折り合わない場合において，あなた側は譲歩をせずに，ディールブレイクするという選択肢をとることが可能である。交渉力が極端に強い場合には，ビッディング（入札）（116頁）やチキンレース（117頁）という手法を選択することも可能だ。

■スコアが「0〜5ポイント」のケース

このケースは，残念ながらどうしても受け身にならざるを得ず，交渉相手の言いなりの条件で交渉が進む（あるいは打ち切られる）ことが多くなってしまう。

後述するが，交渉戦略上とり得る戦略は，そう多くはないため，交渉戦略のフレームワークを超えて議論を行う必要がある。

■中間のケース

ビジネスの実態としては，中間に位置する「6〜9ポイント」が最もケースとして多いのではないかと推察されるが，交渉戦略を適切に立案し，

自らのBATNAを作り出し，きちんと判断をすることによって，合意するもしくは合意しないという合理的な判断を行うことが可能である。

■自社の交渉力に関する認識をそろえる

交渉力ポイントについての現状認識・分析を間違えてしまうと，後々の交渉の重要な分岐点においてとるべき選択を誤ってしまう。

交渉に参加する当事者全員が同じ認識になるように，事前に，参加メンバー全員で議論をして自社の「交渉力」に関する認識をそろえることを強くおすすめする。

詳しくは，Chapter 5において解説する。

1-9 交渉相手のインタレスト (Interest)

■交渉相手のインタレストとは

さて，交渉戦略のフレームワークに話を戻そう。

5つのフェーズのうち，最初の「分析・検討」フェーズでは，まず「交渉力」の分析を行い，あなたの会社がどの程度，強気に交渉戦略を立案することができるかについて分析・評価を行った。

次のステップとしては「交渉相手のインタレスト（利益・関心）を探る」ことが必要になる。

インタレスト（Interest）とは「利益・関心があること」と思っていただければよいと思う。これから交渉・営業しようとしている交渉相手やクライアントは，どんな事に困っているのか？　どのような経営課題があるのか？　ニーズは何か？　資金に困っているか？　などなど，相手の興味・関心事項を探ることが，交渉戦略を立案する上で極めて肝要である。

■インタレストに合致する条件を提案して合意可能性を高める

交渉においては，交渉相手のインタレストに合致するような条件を提案することによって，合意できる可能性が高くなる。

逆に，交渉相手のインタストを踏まえていない条件交渉は全く前に進まないことが多いし，場合によっては交渉相手からの感情的な否定・拒絶につながるケースもあるので避けるべきなのは，言うまでもないであろう。

1-10 ハードアプローチと ソフトアプローチ

　インタレストを探ることが重要であると述べたが，では，どうやって交渉相手のインタレストを探ればよいのであろうか。具体的には，以下の2つの方法がある。

図1-4　交渉相手のインタレストを探る方法

ハードアプローチとソフトアプローチ

	ハードアプローチ	ソフトアプローチ
アプローチ	公　式	非公式
形　式	書　面	口　頭
情報の内容	経営方針，ビジョン，財務データなど	● 経営方針や目標と実態の差 ● 社内事情，人間関係など
場　所	会社のIR資料，ホームページなど	● 情報ヒアリング ● 居酒屋，喫茶店など

■ハードアプローチ

　ハードアプローチは，会社のIR資料（投資家向け開示資料）やホームページなどで公表されている情報やデータなどを閲覧した上で，交渉相手のインタレストを探る方法である。インターネットで検索すれば会社のホームページやIR資料などは，すぐに閲覧できる。内容としては，経営方針，中長期的に目指しているビジョンや部門の事業戦略，財務データなどの情報などが一般的であろう。

■ソフトアプローチ

　ソフトアプローチは，人に会って口頭で情報を聞き出す方法である。堅苦しい雰囲気で，会議室で「あなたの会社で困っていることは何ですか？」「各部署の目標は何ですか？」などと聞いても，相手が心を開いて情報を提供してくれることは，なかなかない。望ましいアプローチとしては，非公式に喫茶店や居酒屋などで会って，カジュアルな雰囲気の中で情報を聞き出す方法である。

　内容としては，社内事情，人間関係の情報を聞き出すことができれば有用である。例えば，世間に発表している経営戦略や目標と比較して，足元の実態との差があるのか？　経営マネジメント層と現場の距離感や，交渉予定のプロジェクトについて誰がキーパーソン（実質的な決裁権を持っている人間）なのかなど，公式な場ではなかなか発表しにくい情報を入手するのである。

1-11 レイヤーごとのインタレスト

■会社，各部署，担当者のインタレスト

　また，交渉相手のインタレストと一口に言っても，会社のインタレスト，部署のインタレスト，担当者のインタレストの複数が存在する。それゆえ，それぞれのレイヤーごとに丁寧に交渉相手のインタレストを把握していくことが大切である。

図1-5　会社，部署，担当者のインタレスト

インタレストの内容と具体例

	インタレストの内容	具体例
会社	大きな方向性，抽象的	●新規ビジネスである○○事業を3年以内に花開かせること ●中長期的にデジタル化を進めるために，積極的に外部の人材を登用できる組織作りをすること
各部署	具体的なKPI	●今期の部門売上・利益の○%アップ（前年対比） ●認知率を○ヶ月以内に○%まで上昇させる
個人	個人的な動機	●社内での評価を上げたい ●今回のプロジェクトを手柄にして，早く昇進したい

■会社のインタレスト

　会社のインタレストとしては「既存事業のテコ入れをしつつ，新規ビジネスである○○事業を3年以内に花開かせること」や「中長期的にデジタ

ル化を進めるために，積極的に外部の人材を登用できる組織作り」など，比較的大きくて抽象度が高いものが多い。

■部署のインタレスト

部署のインタレストとしては，部門売上・利益の増大や認知率アップ，各種コストの削減などの具体的なKPIを達成することである場合が多い。

📝Tips!

担当者のスタンドプレーを防止する

担当者のインタレストとして最も多いのは，個人的に社内での評価を上げたい，手柄を上げて上司から認められたいというケースである。

多くの場合には，この個人的な動機が部署や会社のインタレストと少なくとも方向性は合致をしているのであるが，時々，個人のインタレストが部署や会社のインタレストと異なっていることがある。

いわゆる担当者が「スタンドプレー」をして社内で手柄を立てようと，独自の動きをする場合である。そんな場合には要注意である。

担当者のスタンドプレーが疑われる時には，担当者の個人的なインタレストと会社の方針とのズレを見極めたうえで，本当に会社から承認をもらっている状況なのか，部署の上司は知っているのかを念入りに確認しながら，交渉を進めることが大切だ。

具体的には，上司にミーティングに同席をしてもらうように呼び掛ける，メールの返信時にCCとして関係者を入れてしまうことも有効な手だ。そうでないと，担当者の個人的なスタンドプレーに振り回されて，会社間で「合意」したと思っていたものが，実は交渉相手の会

社からは承認されていない活動であることがある。後になって「梯子を外される」ことになり、プロジェクトが立ち上がらないという結末を迎えることになるのは避けなければいけない。

　担当者のスタンドプレーに惑わされないようにするためには、後述するように、交渉相手の「会社ごと」にすることが大切である。
　つまり、会社、部署、担当者全員の認識が揃う状況を作るように、交渉相手に対して促していく作業が必要になる。時には、交渉相手の担当者を飛び越えて、上司と直接のコミュニケーションをとる必要もある。そんな場合でも、社内での担当者の顔がつぶれないように、慎重にステップや使う言葉を選びながら、交渉相手の中での「会社ごと」化を進める必要がある。

1-12 インタレストの量・質を確保する

■頻繁にクライアントの元に通うことの重要性

重要なことはクライアントの元に足繁く，頻繁に通い，インタレストは何か？　を見極めることである。

ハードアプローチで取得した情報だけではなく，ソフトアプローチで入手した社内事情，人間関係などの非公式な情報は，提案内容を決定する上で極めて重要である。

しかしながら，クライアントと数回会った程度では，深い情報をとることはできない。何度も何度も通い，公式の場でも非公式な場でも，コミュニケーションを重ねて，クライアントとの間に信頼関係ができたところで情報を聞き出していく必要がある。

■具体的提案内容・ディール条件の決定

さて，交渉相手のインタレストを探ることに成功したら，そのインタレストを踏まえた上で具体的な提案内容・ディール（取引）の条件を社内で決める必要がある。

社内で議論をしてもなかなか提案内容やディールの条件案が決まらないことがある。何度も議論を重ねても，どうしても結論が出ない。あるいは現場の担当者から上がってきたゲームプランやディール条件案を承認しなければいけないのであるが，果たして，そのアイディアや案が良いかどうかの判断ができない。そんな経験はないだろうか。

多くの場合の理由として考えられるのが，実は交渉相手のインタレストが把握し切れていないケースである。

提案内容が良いかどうかを判断するためには，交渉相手のインタレストに合致しているかどうかの判断をしないといけないわけであるが，その判

断材料が少ないのである。

　もちろん，あなたの会社の担当者は，交渉相手のインタレストを探って
きたはずであるが，その情報がもう一段階，二段階も質・量が足りていな
いことが，実は多い。

　とにかく頻繁にクライアントの元に通い，クライアントのインタレスト
を探ることが，良いディール（取引）で合意するために，極めて重要な作
業である。

Example　医療機器メーカー卸販売におけるインタレスト不足

　ある医療機器メーカーがクライアントで，あなたの会社はその医療機器の卸
販売を行う販売代理店であると仮定しよう。

　あなたの会社からの提案としては，クライアントの商品が既に導入されてい
る病院に加えて，まだ導入されていない新しい領域である介護施設に対して一
気に大量の導入を図る提案である。その際に思い切って，まずは無償で導入を
するというアイディアを担当者が持ってきた。介護施設という大きな市場で
シェアを高めてしまい，後で収益化を図るという見立ての提案になっている。

　この提案に対して，無償で導入をするというポイントに対して「クライアン
トが反対をするのではないか」「ライバル会社は一定の価格を付けて導入を図
る提案をしており，先を越されてしまうのではないか」と延々と議論がされ，
社内のミーティングで結論が出ない。

　この提案がクライアントのインタレストに合致しているかどうかを判断する
ためには，さまざまな情報が必要になる。

図1-6 判断できない理由

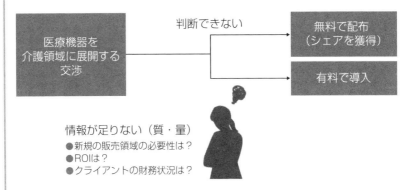

クライアントのインタレストは？

　例えば，クライアントが新規の販売領域の必要性をどの程度感じているのか，新規事業で期待される ROI（投資に対するリターンの大きさ）はどのくらいか，介護施設という分野の将来性に対してどのような見方をしているのか，クライアントの財務状況としてキャッシュにどの程度余力があるのか，実質的に今回の判断を決定する実質的なキーパーソンは誰なのか，どの部署が反対しそうでその部署が賛成しそうなのか，等々である。

　あなたが上司であるならば，提案内容が決まらない社内ミーティングでの正しい指示としては，その場で良いとも悪いとも判断をせずに，交渉担当者に対して，上記のようなポイントについて，交渉相手のインタレストをもっと探るように指示を出すことである。

　あくまでも交渉相手のインタレストに合致しているかどうか，このポイントに徹底的に拘った上で提案内容を決定すべきである。

Summary

- 「分析・検討」フェーズで大切なことは「交渉力を把握すること」「交渉相手のインタレストを把握すること」の2つである。

―交渉力の分析について―

- 「交渉力」とは，交渉相手との力関係において，どの程度，自社が強気に交渉を行うことができるかを定量化（ポイント化）したものである。

- 「交渉力」の分析では，内部環境（自社の商品やリソース）として「商品力」，外部環境（市場や顧客，技術革新など）として「競争環境」「新規参入者」「代替品」「最終消費者の人気」の4つの要素を用いて分析する。

- 「商品力」の分析では，「マストハブ」「ナイスツーハブ」「コモディティ」の3つのカテゴリーに分類する。
  - ▷「マストハブ」に分類されるためには，「希少性」「高品質」「差別化」された商品やサービスである必要がある。
  - ▷「ナイスツーハブ」に分類されるのは，一定の品質や差別化が認められている場合である。
  - ▷「コモディティ」に分類されるのは，価格以外の要素でライバル会社の商品やサービスと差別化ができていない場合である。

- 「競争環境」の分析では，交渉相手がBATNA（対抗馬，相見積もり）を有しているか，BATNAがある場合には，どのような条件であるのかを把握することが極めて大事である。

- 「新規参入者」「代替品」の分析では，以下のように自社の商品・サービスが有する「交渉力」に影響を与える。
  - ▷同じような商品やサービスを提供する側（売り手）に新規参入がある場合や代替品が開発される場合：「交渉力」は下がる。
  - ▷商品・サービスを購入する側（買い手）に新規参入がある場合や代替品が開発される場合：「交渉力」は上がる。

- 「最終消費者の評価」を考慮する必要がある。直接の交渉相手だけではなく，その先にいる「最終消費者の評価」や「人気」に基づき，SNS等で認知が

一気に広がる事例が多くなってきたが，間接的に交渉力が上がるととらえる必要がある。

- 「交渉力」について，スコアリング手法を用いて数値化したものが「交渉力ポイント」である。
  - ▷交渉力ポイントが最強の場合（10-15ポイント）：強気な交渉戦略をとることが可能である。交渉力が極端に強い場合には，「ビッディング（入札）」や「チキンレース」という手法を選択することも可能である。
  - ▷交渉力ポイントが中間の場合（6-9ポイント）：交渉戦略を適切に立案し，自らのBATNAを作り出し，きちんと判断をすることによって，合意もしくは合意しないという合理的な判断を行うことが可能である。
  - ▷交渉力ポイントが最低の場合（0-5ポイント）：残念ながら交渉戦略上の取り得る選択肢は多くない。

―交渉相手のインタレスト（利益・関心）を探ることについて―

- 交渉相手のインタレストを探るアプローチとしては，ハードアプローチとソフトアプローチがある。
  - ▷ハードアプローチは，会社のIR資料やホームページなどで公表されている情報やデータなどの書面に記された情報を入手する方法である。内容としては，経営方針，中長期的に目指しているビジョンや部門の事業戦略，財務データなどの情報である。
  - ▷ソフトアプローチは，人に会って口頭で情報を聞き出す方法である。内容としては，社内事情，人間関係の情報を聞き出すことができれば有用である。

- 会社のインタレスト，部署のインタレスト，担当者のインタレストの複数が存在するので，それぞれのレイヤーごとに丁寧に交渉相手のインタレストを把握しておくことが大切である。

- 担当者のインタレストが会社のインタレストと違う場合には，要注意である。担当者のスタンドプレーを回避する方法としては，上司にミーティングに同席をしてもらうように呼び掛ける，メールの返信時にCCとして関係者を入れてしまうことなどが有効な手である。

- 提案内容やディール条件案が社内で決まらないときには，インタレストの情報が質・量ともに足りていないことが理由であることが多い。そのような場合には，あえて提案内容を決定せずに，もう一度クライアントのインタレストを探るべきである。

Chapter 2

―フェーズ2―
交渉戦略の立案/提案内容の決定

　交渉戦略であるゲームプランを立案し，提案内容を決定する前に，2つのことを行う必要があると前述した。

　それは，あなたの会社が交渉の立場上，どのくらいの強さを有しているのかという交渉力と，交渉相手がどんなことに興味があるのか，ニーズがあるのかというインタレストを正確に把握することであった。

　前者については，Chapter 1において，交渉力の分析フレームワークに基づく分析・評価の作業を行い，スコアリング手法を用いて交渉力をポイントで定量的に数値化する実践的な方法を解説した。算出された交渉力のポイントによって，とるべきゲームプランが変わってくることを説明した。

　また，後者については，ハードアプローチだけではなく，ソフトアプローチでの情報収集の方法があることを紹介し，足繁くクライアントの元に通うことの重要性を説明した。

　Chapter 2では，提案内容を検討して決定していくための具体的な作業を説明していきたい。

Case 2 日本酒製造会社の海外輸出における価格交渉

　あなたは，日本でも有数の高級ブランド日本酒である「まほう」を生産している蔵元で働いている。「まほう」は国内では長いこと販売を続けており，安定した愛好者がいるが，今後の成長を考えれば海外進出を行いたいというのが先代からの悲願である。

　今年は「まほう」の仕込みがうまくいき，500kl 相当が生産できた。経営会議を開催して議論をしたが，良質な日本酒が大量に生産できた今年，いよいよ念願である「まほう」の海外展開を行うことになった。責任者には，英語が多少話せるという理由だけで，あなたが就任した。

　知り合いからの情報で，海外向け卸販売を行う会社のなかでも非常に信頼できるという大手代理店 B 社を紹介してもらい，交渉を開始した。日本では「まほう」は高級ブランドというイメージが浸透しており，卸市場でも，一般的な日本酒と比べて3割程度高い金額で取引されることが多い。

　あなたは，日本国内において「まほう」が高級ブランドとして人気であることをアピールするための資料を作成して，B 社の担当者へ「まほう」を購入してもらうように提案を行った。日本でのブランドイメージを勘案すると，高い価格での取引が妥当である旨の主張も試みた。B 社は非常に興味を示し，大量の発注をしてくれる可能性を示唆した。

　ミーティングは非常に和やかに終わり，具体的な金額などの取引条件を次回のミーティングであなた側から提案することになった。

　そんな中，B 社の交渉担当者からは以下のようなメールが届いた。

Thank you for the meeting. We understand that "MAHO" is highly popular among Japanese and priced at higher price than market price due to the good brand image.

We are very interested in having a deal with meaningful volume with your company. It would be great if you consider our expected volume when making us a proposal, the price per unit in particular. Looking forward to receiving a reasonable offer.

（先日はミーティングをありがとうございました。私たちは「まほう」が日本人の間で非常に人気があり，よいブランドイメージのために市場価格よりも高い価格が付けられていることは理解しました。

　私たちはかなりのボリュームで購入をしたいと思うほど，あなたの会社との取引に非常に興味があります。是非，私たちへの取引条件，特に単位当たりの価格を決める際には，私たちが取引するであろうボリュームを考慮してくださるようにお願いします。それでは，合理的なご提案をいただけることを楽しみにしています。）

　B 社は，「まほう」に非常に興味があると言いつつ，単位当たりの単価（kl 当たりのプライス）については，取引するボリュームが大きくなりそうだという点を考慮して値下げを検討しろ，とプレッシャーをかけてきているようにも受け取れる文章だ。

　果たして，B 社に対する海外向けの取引条件としては，100kl 当たりいくらの金額で提案すべきであろうか。国内の卸市場での取引価格と同様に，3割程度のプレミアムを上乗せしても大丈夫だろうか？　たくさんのボリュームを購入してくれると B 社が言ってくれたら，多少値引きをしても合意してよいのであろうか。

2-1 さまざまな交渉変数

■交渉変数は多岐にわたる

商談・交渉ではさまざまな変数が存在する。

例えば，契約期間，取引個数，マーケティング協力，納期，支払条件，解除条項などがある。交渉変数はたくさん存在するために，提案内容の検討も多岐に渡る。

図2-1　さまざまな交渉変数

プライスは重要な交渉変数

まずは，非常に重要な交渉変数であるプライス（価格）について，決定の仕方，算出するロジック（論理）について説明をしたい。

2-2 【交渉変数】プライス（Price）

■ 適正なプライスとは？

交渉で最も多く交渉されるのは「プライス（価格）」であろう。いくらのプライスで提案すべきか？　簡単に値下げを要求されないようにするためには，どうすればよいか？　プライスを算出するにあたってロジック（論理）に正当性はあるか？　といった項目について，1つひとつ説明をしていきたい。

さて，取引する商品やサービスのプライス（価格）はどのようにして決まるのだろうか。また，どのように決めて合意すべきだろうか。以下，リンゴのプライシングを例に考えていきたい。

Example　リンゴのプライシング①

仮に，あなたがリンゴ農家だとして，育てたリンゴをいくらで出荷して販売すべきか？　というポイントについて考えてみよう。

図2-2　リンゴはいくらで販売すべきか？

① Market Price（市場価格）という出発点

リンゴのプライスについて考える際に出発点となるのが，マーケット・プライス（市場価格）である。リンゴのように，売り手と買い手の市場があり，一定程度の期間をかけて「需要」と「供給」の関係で相場が形成されている場合には，まずマーケット・プライスをスタート地点として検討を行うことになる。株式の場合にも「株価」というプライスが存在するが，株価というプライスもまさに需要と供給の関係で決定されるマーケット・プライスである。

図2-3 市場価格（マーケットプライス）という出発点

適切なプライス

市場価格
（マーケット・プライス）

まずは，市場価格（一定程度の期間をかけて「需要」と「供給」の関係で相場が形成されている場合のみ）をスタート地点としてプライスの検討をする

② ブランド，利便性などの考慮すべき要素

販売するリンゴのプライスを決定する際に，考えるべき要素というのは，マーケット・プライスを出発点とすると述べたが，それに加えて，別の考慮すべき要素が存在することも多い。

例えば「鮮度はどうか」「高品質や人気があるブランドか」「今年のリンゴ全体の収穫高はどのくらいか」などがプライスに影響を与える要素として思い浮かぶ。

2-3 因数分解したプライスの ロジック（Logic）

■適切なプラインシング

適切なプライシングをするにあたっては考慮すべき要素をマーケットプライスにかけ合わせて決めていくことになる。例えば，リンゴの例で言えば「ブランド」や「鮮度」「利便性」となる。

Example リンゴのプライシング②

リンゴで言えば「ふじ，シナノゴールド，王林，つがる」などのブランドが存在する。ブランド化されたリンゴには，一般的なリンゴよりも高いプライスを付けて販売することが，消費者に受け入れられていることが多い。また，採れたてかどうかの「鮮度」もプライスに影響を与える。「利便性」では「種なしぶどう」というものが発明されたことがあるが，例えば「種なしリンゴ」が開発されたとした場合，「種なし」という利便性があることによってプライスを上げることが可能な場合がある。

図2-4　因数分解したロジックを用いたプライシングのイメージ①

こうして「ブランド」「鮮度」「利便性」などといった要素を1つひとつ因数分解をして，マーケットプライスにかけ合わせる形で適正なプライスを算出する方法を用いるのが望ましい。つまり，因数分解したプライスのロジック（算出論理）を持つことが重要だ。

例えば，市場価格が「100円」だとした場合に，「ブランド」は0.6倍，「鮮度」は1.2倍，利便性は1.5倍などといった係数を1つひとつの要素にあてはめる。その結果，この場合の適正なプライスは100円×0.6×1.2×1.5＝108円ということになる。

図2-5　因数分解したロジックを用いたプライシングのイメージ②

100円（市場価格）×0.6倍（ブランド）×1.2倍（鮮度）×1.5倍（利便性）＝108円

　100円の市場価格に対して，少しだけプライスを上げて108円にしただけのように見受けられるかもしれないが，108円という適正なプライスを導き出すためのロジックとしては，非常に緻密な因数分解をして算出をしているのである。

■因数分解をするメリット

　それでは，因数分解したロジックを持っておくことにどんなメリットがあるのだろうか。それは，ロジックエラーを避けるということである。

　価格交渉において，思い付きでプライスを上げたり，下げたりすることを続けていることは絶対に避けるべきである。一貫性のないプライス設定を続けていると，交渉相手から見た際に，あなたの提示するプライスに正当性・信頼性がなくなってしまう。

Example リンゴのプライシング③

　この正当性・信頼性が失われてしまうプロセスについて，少し詳しく説明をしよう。

　例えば，先ほどの例では，リンゴのプライスを1個当たり「108円」とした。その後，数回の交渉を重ねるなかで，その時々の置かれた状況や上司からの指示によって，根拠のない値上げをしてしまったせいで，最新の合意案では，取引するリンゴの「鮮度」を変更し「鮮度が古い」リンゴになったにもかかわらず，リンゴ1個当たりの値段を逆算してみると「120円」になってしまったとする。

　本来であれば，「鮮度が古い」リンゴの際には，リンゴ1個当たりの値段は「108円」よりも安くならなければ，おかしいはずである。
　しかしながら「鮮度が古い」にもかかわらず「120円」での提案になってしまった。これはロジックが破綻してしまっていて，前回のプライス（108円）がおかしいか，最新のプライス（120円）がおかしいか，どちらかのプライスが合理的でないという状況になってしまっている。

2-4 避けるべきプライスにおけるロジックエラー

■ロジックエラーによる信用の失墜

　リンゴのプライシングの例を見ると，交渉相手からすれば，どちらかのプライスが間違っていたということになる。つまり，矛盾のない一貫したプライス算出理論が，実は存在していないことが判明してしまうことになる。結果として，交渉相手からみると「適当に値段を上げたり，下げたりしているのだな」と思われてしまい，信頼が急速に失われてしまう。

　これまで主張をしてきたプライスへの正当性が存在しないとわかってしまうと，もうどんなに強い主張をしたとしても，交渉相手からは「また適当に言ってるのだろう」という目で見られ，主張に迫力が失われてしまう。結果として，交渉上の立場が一気に弱くなるし，長期的な信頼関係を壊すことにつながるので，絶対に避けるべき事態である。

■ロジックエラーを防ぐプライシング手法

　上記のようなことをロジックエラーが起きると表現する。因数分解をしたロジックを持っておけば，ロジックエラーが起きることはない。

Example　リンゴのプライシング④

「鮮度が古く」なるのであれば「鮮度係数」を「1.2」から「1.0」に変更するなどして，プライスの算出をし直せばよい。例えば，先ほどの例で「鮮度」だけが変わった場合には，下記のようなプライス設定になる。

図2-6 ロジックエラーを防ぐプライシング手法
（「鮮度」係数＝1.0倍に変更した場合）

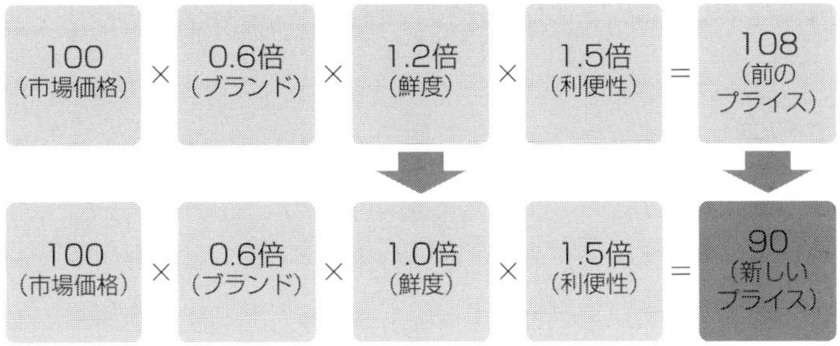

| 100 （市場価格） | × | 0.6倍 （ブランド） | × | 1.2倍 （鮮度） | × | 1.5倍 （利便性） | = | 108 （前の プライス） |

↓   ↓

| 100 （市場価格） | × | 0.6倍 （ブランド） | × | 1.0倍 （鮮度） | × | 1.5倍 （利便性） | = | 90 （新しい プライス） |

100円（市場価格）×0.6倍（ブランド）×1.0倍（新しい係数に変更）×1.5倍（利便性）＝ 90円

　結果として「鮮度が古い」という新しい要素を勘案した新しいプライスは「90円」になり，前回の「鮮度が良い」プライスの「108円」よりも下がっており，合理的なプライス設定である。因数分解したプライスのロジックを保有していることは，ロジックエラーを避けるために必要なのだ。

　ちなみに，この因数分解したロジックを交渉相手に開示をしたり，伝える必要はない。むしろプライスについては，因数分解の中身を交渉相手に開示してしまうと，値下げの圧力を受けやすくなる。なぜかというと，1つひとつの要素の係数がわかってしまうと，1番プライスが安くなる要素をかけ合わせた条件を交渉相手から求められる状況に陥ってしまうからである。

Example リンゴのプライシング⑤

　提案するプライスはあくまでも「108円」や「120円」という金額だけにしておき，因数分解の中身である「ブランド 0.6」や「利便性 1.5」という係数は，相手には開示しない。あくまでもロジックエラーを回避するために内部的に保持をしておくことが望ましい。

2-5 プライスの最終防衛ライン（Walk-Away Line）

■最終防衛ラインとは

　提案するプライスが決まったら，最終防衛ライン（Walk-Away Line）を設定する。

　最終防衛ラインとは，文字通り，そのラインよりも後退してしまった際には，合意をしないプライスのことである。これを下回るプライスを交渉相手が求めてきた場合には，交渉を打ち切る，取引を不成立にする，ディールブレイクすることになる。英語では「Walk-Away Line」と呼ぶ。「walk away」とは文字通り，交渉のテーブルから「立ち去る」という意味である。

　別の言い方をすれば，最終防衛ラインとは，「合意してよい取引」と「合意すべきではない取引」とを隔てるプライスの線のことであり，「最終防衛ライン」を上回っていれば合意してよい取引条件であり，下回っていれば合意すべきではない条件ということができる。

■設定方法

　では，どうやって合意してよいかどうかを判断する最終防衛ラインを設定するのか。次頁 図2-7 を見ていただきたい。

図2-7 Walk-Away Line の設定

提案する Price が決まったら「合意してよい取引」と「合意して はいけない取引」の Walk-Away Line を決める

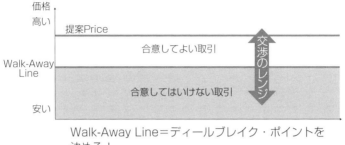

Walk-Away Line＝ディールブレイク・ポイントを 決める！

　まず，合意してよい取引というのは，社内のプライステーブル（価格 表）の中に収まっており，過去の取引事例と比較しても十分に高いと言え るプライスである場合である。この範囲に収まっている限りはどこでも合 意してよいが，ゲームプランとしては，やや高めのプライスを提示して， そこから少し下がったポイントで合意するという作戦がよくとられる。特 に「交渉力」ポイントが高い場合には，なおさらであろう。

　一方で，合意してはいけない取引，合意すべきでないプライスというの は，プライステーブルのプライスを下回るケースや，BATNA と呼ばれ る対抗馬・相見積もりから得られるであろうプライスを下回る取引の場合 である（BATNA については後ほど詳述する）。

■具体的な最終防衛ライン

　最終防衛ラインとは，まさにディールブレイクをするかどうかの分岐点 であると言うことができる。それは合意してよいプライスと合意すべきで ないプライスの間に存在するわけであるが，具体的には変動費用に対して 一定の利益を上乗せしたプライスとすることが多い。

図2-8 Walk-Away Line はいくらに設定すべき？

具体的な最終防衛ラインとは？

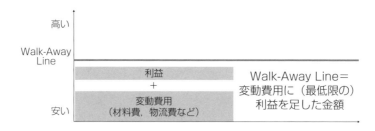

取引すればするほど赤字が出てしまうプライスは論外としても，一定の粗利益が出ないプライスで合意してしまうと，人件費・場所代（賃料）などの固定費を回収できずに取引を行わないといけないことになる。

スタートアップ企業で利益よりも売上を優先しなければいけない状況や，新規事業の展開でマーケットのシェアをとることを優先するために，プライスを極端に下げて先行するケースなどの一部を除いて，「変動費用＋（最低限の）利益」を最終防衛ラインとすべきであろう。

交渉に入る前に，ディールブレイクをするかどうかの判断となる最終防衛ラインがどこなのか？　を実務レベルの担当者だけではなく，マネジメント層も含めた関係者全員で認識を揃えてから，交渉に臨む必要がある。

2-6 プライスを死守するアンカリング手法（Anchoring）

　交渉にはさまざまなテクニックが存在するが，ここではアンカリングという手法についてご紹介したい。

■第一次防衛ライン

　最終防衛ラインを設定したら，それよりも高いプライス（有利な取引条件）を「第一次防衛ライン」として設定するのである。最終防衛ラインは社内では共通の認識を持っておくべきであるが，交渉相手には伝えない。一方で第一次防衛ラインは，あえて交渉相手に伝えて，脳裏に植え付けるプライスである。

■アンカリング手法（Anchoring）

　アンカリングのアンカー（Anchor）とは錨（いかり）である。船を船着き場で繋留させるときに錨を打つわけであるが，アンカリングとは，相手をけん制する，相手の脳裏に特定の数値やプライスなどの条件を焼き付けるという意味である。

　交渉が始まると，適正なプライスの範囲内で最終防衛ラインという限界のプライスを下回ることがないように折衝を重ねていくが，交渉相手から値下げ圧力を受けた際に，ずるずると値下げを余儀なくされ，防衛ラインが後退してしまうことがある。

図2-9　アンカリングという手法

こうした撤退状況が起きないようにする手法である。具体的には第一次防衛ラインとなるプライス（あるいは特定の条件）を設定して，そのプライスが交渉相手の記憶，脳裏に残るように強調をしたり，何度も言及したりする。

アンカリング手法を通して，交渉相手をけん制した場合には，交渉相手としても，何の根拠もなく，アンカリングをした第一次防衛ラインを突破するようなカウンター提案・値下げ要求をしにくくなる。

アンカリングの具体的なイメージとしては，「価格については，150円を下回ると社内の承認をとるのはほぼ難しいとお考え下さい」などと直截にわかりやすい表現で交渉相手に伝えるのがよい。最終防衛ラインが，仮に「120円」だったとしても，そこよりも高いプライスである「150円」を第一次防衛ラインとして設定して，アンカリングを行うことで，より有利な条件での取引合意を目論むわけである。

プライス以外の取引条件でもアンカリングは可能である。

例えば「支払い条件について，かなり無理をお願いすると思う。具体的には今後の交渉での提示になるが，完成から３ヶ月以内というのは，当社にとって譲れないラインになる」などと表現する。

「支払いは３ヶ月以内」という条件が交渉相手のなかで印象に残れば，アンカリングは成功である。

行うタイミングについては，できるだけ交渉の序盤が望ましい。できれば最初の交渉時である。それが難しければ，遅くとも２回目のミーティン

グで口頭で発言をして，牽制をするのが望ましい。

　交渉が進展してしまってから，アンカリングをしようとしても，もうその時には，ほかの交渉項目との兼ね合いのなかで，強く主張できない状況になっている可能性もあるため，できるだけ交渉の序盤で行うべき手法である。

■交渉をしないという手法

　アンカリングと似ているが少し違う手法として「交渉をしないという手法」がある。これは外国人を交渉相手とした英語での交渉で用いられることが多い。

　あなたの会社にとって非常に重大なインタレストになっている取引条件や絶対に変更できない契約書の文言などについては，あらかじめ交渉相手に「交渉はできない」ことを伝える。

　具体的な英語の表現としては，以下のようになる。

It is not negotiable.
（これは交渉できません。）
Non-negotiable item
（交渉を受け付けない項目）

　アンカリング手法と同様に，あらかじめ「Non-negotiable」だと伝えることを通して，交渉相手を萎縮させると，相手側はその指示したポイントについては交渉してこないことが多い。あなたの会社にとって重要な致命的なポイントを，交渉することなく，守ることができるわけである。

　この「交渉しない」という表現は外国人相手に行われることが多いと述べたが，日本人同士での交渉においても，もちろん使える。極めて重要なポイントについて守るために，「これは当社としては交渉に応じかねる項目と考えています」という表現を是非使ってみて欲しい。

2-7 【交渉変数】ボリューム（Volume）

■ボリュームに関する2つの手法

　次に取引するボリュームと価格の関係について見てみよう。プライシングの際，取引する「数」についてはどう考えればよいのだろうか？　先ほどのリンゴ農家の例に戻ってみよう。1つひとつリンゴを丁寧に販売したほうがよいのだろうか。それとも，沢山のリンゴをまとめて買ってくれるほうがお得なのだろうか？

　取引するボリュームについては，大きく2つの交渉戦術の用語がある。1つが「ボリューム・ディスカウント（Volume Discount）」，もう1つが「バンドル（セット）販売（Bundle Sales）」である。

図2-10　取引量（ボリューム）に関連する2つの戦術

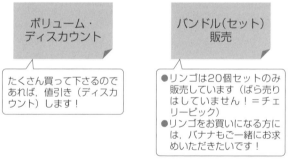

プライシングの際，取引する「数」についてはどう考えればよいのか？

ボリューム・ディスカウント	バンドル（セット）販売
たくさん買って下さるのであれば，値引き（ディスカウント）します！	●リンゴは20個セットのみ販売しています（ばら売りはしていません！＝チェリーピック） ●リンゴをお買いになる方には，バナナもご一緒にお求めいただきたいです！

　前者はたくさんの量を買ってくれるのであれば，値引き（ディスカウント）する。近くのスーパーや八百屋さんなどでよく見かける方法である。

　後者は「リンゴをお買いになる方は，バナナもご一緒にお買い上げ下さい」というセット販売のことである。どうしてもリンゴが欲しい人は，例えばバナナがあまり欲しくなかったとしても，セットで販売されていると

仕方なくバナナも購入してしまうことがある。

　あなたの会社が交渉の核となる「商品力」の強いカードを持っているときに，それ以外の「商品力」が弱い商品やサービスもセットにして販売交渉をすることで，なかなか単独では取引成立が難しい「商品力が弱い商品・サービス」も一緒に販売することを試みるときに，よく用いられる。

■ボリューム・ディスカウントの適正な価格

　取引をする際に，たくさんの量を購入することに引き換えて，1つひとつの個別の単価を引き下げるというロジックのことをボリューム・ディスカウントと呼ぶ。

　社内において，ボリューム（取引量）ごとに異なるプライスが記載されているプライステーブル（価格表）を用意しておくことが，極めて大事である。例えば，以下のような表がプライステーブルであり，ボリューム・ディスカウントを考慮して適切なプライス設定を行うことが必要である。

図2-11　ボリューム・ディスカウントの価格表イメージ

ボリューム（取引量）	プライス（価格）
1個〜100個	1個当たり　250円
101個〜500個	220円
501個〜1000個	200円
1001個以上	185円

ボリューム（取引量）が増えるほど1個当たりのプライス（価格）が下がっている

　新しい商品やサービスが完成した段階で，市場調査などを行い，その結果を分析することを通じてプライシングを行い，プライステーブルを作成するのが理想的である。

　しかしながら，商品発売が迫っている，あるいは商談がすぐに予定されているなど，なかなか時間がなくてプライステーブルを精緻にゼロから作りあげることができない時がある。このような時に有用な方法は過去の取引実績をプロットしてみることである。

■過去の取引実績をプロットしてみる

　下図のように例示的に過去の取引実績をプロットした表を記しているが，横軸が取引量（右にいけばいくほど量が多い），縦軸が個別単価（1つひとつのリンゴの価格）である。右に行けば行くほど，つまり取引量が増えれば増えるほど，1つひとつの個別単価は下がっていくというプライス設定がされていることがわかるであろう。

図2-12　ボリューム・ディスカウントを考慮したプライシング

ボリューム・ディスカウントを考慮して適切なプライシングを行う

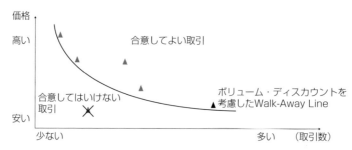

価格表を持つことが極めて大事！
＝過去の取引事例をプロットしてみることから始めてみる

　このように，過去の取引事例をプロットした上で，Excel 等の計算機能を使うと，過去の取引事例の取引量とプライスに関する近似曲線の数式が導き出される。そこからプライスのロジック（算出論理）を導き出すことが可能である。ボリューム・ディスカウントを勘案したプライステーブルは，上図のように曲線になることが多い。

　合意してよい取引と合意すべきではない取引の線引きをするラインを最終防衛ラインと呼び，このラインを下回ったら交渉を打ち切ってディールブレイクすべきであることは前述の通りである。

2-8 【交渉変数】契約期間 (Term)

　プライス（価格）やボリューム（取引量）という非常に大事な取引条件の要素について決定するための実践的な手法を紹介してきた。

　ここでは，もう1つ重要な交渉変数である「期間（Term）」について説明をしたい。これから合意しようとしている取引は，5年間や10年間という長期で契約をするべきであろうか？　あるいは1年単位の契約にすべきであろうか。最適な契約期間は，あなたの会社のサービスや商品を取り巻く市場環境がどのような状況かによって変わってくる。

■市場が成長している場合

　まず，市場が成長しており，あなたの会社の商品やサービスの認知が拡大したり，ユーザー数が増大しており，今後も成長が見込まれる市場の場合には，どうしたらよいだろうか。

　あなたの会社が商品やサービスを売る側であるならば，あまりに長期の契約をしてしまうと（例えば5年間など），安定した収益は確保されるというメリットの一方で，自分たちの描いていた市場予測や事業計画よりも実際の市場やユーザーの成長が上回った際の「得られるかもしれなかった利益」を取り損ねるというデメリットがある。

> **Example** ゲームソフト開発会社とライセンス取引
>
> 　あなたの会社は，ゲームソフトを開発する会社であり，ゲームを提供する大手のプラットフォームとの間で以下のような販売（ライセンス）の取引条件で合意したと仮定する。

- 契約期間：5年間
- あなたの会社が受け取るゲームのライセンス収入：年間1億2,000万円
  （月額500円ユーザー数換算：2万人）

　これは，年間1億2,000万円×5年間＝総額6億円という巨額のライセンス収入を確保することができる素晴らしい取引のように思えるかもしれない。

　しかしながら，冷静に合理的に分析をしてみると，年間1億2,000円というのは，月額500円の有料ユーザーが1ヶ月平均で2万人（つまり年間で延べ24万人）いると想定した際のライセンス収入になっている。

　実際には，ゲームの市場拡大が止まらず，ユーザー数は事業計画をはるかに上回り，5年後には1ヶ月平均で30万人（つまり年間で延べ360万人）になっていたとしよう。

　そうすると，本来であれば，500円×30万人×12ヶ月＝18億円があなたの会社が5年目にもらうべき金額であったということになる。5年目だけを比較しても18億円−1億2,000万円＝16億8,000万円が「得られるかもしれなかった利益」ということになる。

　5年間トータルで見ると，下図で示した「A」から「B」を引いた面積部分が「取りはぐれた売上」ということになる。したがって，短期の契約（1年，2年間）にしておき，契約のリニューアル（更新）のタイミングで市場の成長

図2-13　保証された数よりも実際のユーザー数が多かった場合

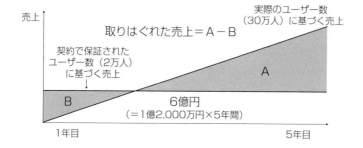

速度を見ながら，再度，条件を見直すことによって「取りっぱぐれ」がないようにするのが望ましい。

　もちろん，ライセンス収入の条件を「年間○○円」という定額ではなく，ユーザー数が増えるごとに増加する建付けにしておけば，収入を取りはぐれることはなくなる。その際には長期の契約をしても問題はないが，実際には，こうした有利な条件で合意できるケースは少ない。

　逆に，あなたの会社が，先ほどとは逆の立場で，ゲームを提供する大手のプラットフォームであり，ゲーム会社のソフトウェアを購入（ライセンス）する側であった場合にはどう考えられればよいだろうか。
　この場合に，定額で長期の契約を締結することができれば，事業計画を上回るペースで市場や会員が増えた際には，支払うライセンス費用を少なく抑えることができて，得をする可能性がある。
　先ほどのケースで言えば，18億円－1億2,000万円＝16億8,000万円が大手プラットフォーム側から見た場合の「少なくすることができた支払いライセンス費用」ということになる。

　しかしながら，こうした急激に成長している市場の場合には，人気の商品（ゲームソフト）の入れ替わりが速く，競争も激しいのが一般的である。そうした場合に，将来（5年後，10年後）まで同じゲームが人気であり続けるというのは，想定しづらい。したがって，やはり，買い手側の論理としても，短期で契約を切っておいて，1年後，2年後に人気，評判を見ながら，契約相手を柔軟に変えられるような自由度を持っておいたほうがよいだろう。

　まとめると，売り手側としても，買い手側としても，市場の成長が見込まれる際には，基本的なスタンスとしては1年，2年といった短期の契約期間で合意をしておき，1年後の市場状況，ユーザー数の状況，ユーザーの嗜好の変化などを見て，新しい取引条件で合意できるように交渉し直すというのが，とるべき交渉戦略である。

■市場が飽和・成熟している場合

　市場がすでに飽和しており，成熟期に入っている場合や縮小が見込まれている場合には，どのように考えればよいだろうか。

　この場合には，先ほどと全く逆になる。売り手側は，できるだけ長期で5年間程度の契約期間を目指すべきである。なぜならば，もはやユーザー数の大幅な増加が見込めない（市場規模が縮小することも視野に入る）以上，安定した収益を少しでも長く確保しておくことが望ましいからである。

　基本的には，市場の縮小が見込まれる際には，長期の契約期間で合意することを目指すべきである。

　一方で，10年間などの超長期のディールをした際には，合意当初には想定していなかった技術革新や外部的な環境変化が起こる可能性がある。色々な要因が積み重なって，増加しないと思われていたユーザー数が増えたり，停滞していた市場が再活性化する可能性もある。

　取りっぱぐれを避けるためには，「パフォーマンス・キッカー」という手法を導入することをおすすめしたい。これは，ある一定のKPI（例えば，認知率，ユーザー数，アクティブ率など）を両社の共通する目標として契約書に記載しておき，そのKPIを上回る実績が出た際には，ライセンス収入なり卸販売率などを上昇させるという条項を入れておくことである。

　このような条項を契約書に入れておくことで，長期のディール期間中に万が一，市場が再活性したさいに取りはぐれることもなく，安定した収益も確保される。

図2-14　パフォーマンス・キッカー

要　素	具体例
発動となるKPI	● 認知率 ● ユーザー数　　　　など
効果	● 追加的なライセンス収入 ● 卸販売率の上昇　　　など

2-9 【交渉変数】その他

　さて，プライス・ボリューム・契約期間という重要な交渉要素について，提案条件の決定の仕方，交渉に臨む基本的なスタンスについて，実務的なステップを説明してきた。

　交渉を行うにあたっては，それ以外の要素もたくさん存在する。例えば，最低取引量，マーケティング協力，納期，支払い条件，解除条項などである。

　こうした要素を「交渉変数」と呼ぶが，交渉戦略の基本としては交渉変数をできるだけ増やすことが肝要である。交渉とは，よほど交渉力が強くない限りは，交渉相手との間で譲歩し合うことを通して，合意形成を目指すゲームである。したがって，交渉相手から譲歩を引き出すためには，あなたの会社も譲歩を行う必要があるのである。

■ギブ アンド テイク（Give & Take）

　まったく同じ数，同等の条件である必要はないが，あなたの会社も一定の譲歩を行うなかで，交渉相手から譲歩を引き出すのである。つまりギブ アンド テイク（Give & Take）の精神である。

　そのためには，あなたの会社側である程度譲歩しても問題がないバッファー（緩衝材）としての交渉変数を持っていることが必要になる。つまり，譲歩したとしても，あなたの重要なインタレスト（利益・関心）を致命的に破壊することがない要素を持っていることである。

　例えば，あなたの会社としては，とにかく「長期の契約期間」を獲得することが最も優先されるインタレストであり，「マーケティング協力」については，非常に薄いインタレストしか存在しないと仮定しよう。

　その時には，交渉相手との間で「長期の契約期間」を押し込む（交渉相

手に譲歩してもらう）代わりに，「マーケティング協力」では交渉相手の
求めている条件をそのまま受け入れてあげる，という形である。

図2-15 交渉変数の Give & Take をしながら合意を目指す

一定の譲歩をするなかで，相手からの譲歩を引き出す

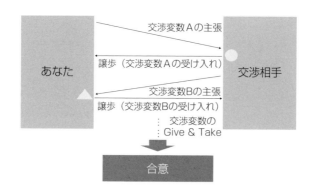

■交渉変数を増やす目的

　交渉変数を増やすことは，合意形成を目指すなかで譲歩し合えるカード
を増やすという目的以外にも，「パイ（果実）となる取引面積を増やして
Win-Win の関係を構築する」という交渉の大目的のためにも必要な作業
である。この点については，Chapter 7 で詳述したい。

● 提案内容を決定するためには，「交渉相手のインタレスト」に合致している
かどうかのチェックを行う。
個々の交渉変数については，以下のような形で決定をしていく。

―プライス（価格）について―

● リンゴのように，売り手と買い手の市場があり，一定程度の期間をかけて
「需要」と「供給」の関係で相場が形成されている場合には，まず「マー
ケットプライス（市場価格）」をスタート地点としてプライスの検討を行う。

● 「ブランド」「鮮度」「利便性」などといった要素を1つひとつ因数分解をし
て，マーケットプライス（市場価格）にかけ合わせる形で適正なプライスを
算出する方法を用いるのが望ましい。

● 因数分解したプライスのロジック（算出論理）を持つことによって，ロジッ
クエラーの発生を回避することが重要である

● 提案するプライス（価格）が決まったら，「最終防衛ライン」を設定する。
最終防衛ラインとは，「合意してよい取引」と「合意すべきではない取引」
とを隔てるプライスラインのことであり，「最終防衛ライン」を上回ってい
れば合意してよい取引条件であり，下回っていれば合意すべきではない条件
ということができる。

● アンカリング手法とは，「最終防衛ライン」よりも高いプライス（有利な取
引条件）を「第一次防衛ライン」として設定して，何度も交渉相手に強調し
て話すことにより，印象に残すことによって，第一次防衛ラインを突破され
にくくする手法である。アンカリングを行うタイミングについては，できる
だけ交渉の序盤が望ましい。できれば最初の交渉時であるが，それが難しけ
れば，遅くとも2回目のミーティングで口頭で発言をするのが望ましい。

―ボリューム（取引量）―

● 取引するボリューム（取引量）については，大きく2つの交渉戦術がある。

1つが「ボリューム・ディスカウント」。もう1つが「バンドル（セット）販売」である。

> ▷ボリューム・ディスカウントとは，たくさんの量を購入することに引き換えて，1つひとつの個別の単価を値引きする手法のことである。
> ▷バンドル（セット）販売とは，交渉の核となる「商品力」の取引交渉の際に，それ以外の「商品力」が弱い商品やサービスもセットにして交渉をすることで，なかなか単独では取引成立が難しい「交渉力が弱い商品・サービス」を販売することを目指す手法である。

● ボリューム・ディスカウントを考慮して適切なプライス設定を行うためには，過去の取引実績をプロットしてみると良い。具体的には，Excel 等の計算機能を使いながら，過去の取引事例のボリュームとプライスに関する近似曲線の数式が導き出した上で，そこからプライスのロジック（算出論理）を導き出す。

―期間―

● 市場の成長が見込まれる際には，基本的なスタンスとしては，1年，2年といった短期の契約期間で合意をしておき，1年後の市場状況，ユーザー数の状況を見て，新しい取引条件で合意できるように交渉し直す，というのが，とるべき交渉戦略である。

● 市場がすでに成熟・飽和していたり，さらに縮小が見込まれる場合には，売り手側のとるべきスタンスとしては，できるだけ長期の契約期間を目指すべきである。

● 10年間の契約などの長期間のとりはぐれを避ける方法として，パフォーマンス・キッカーと呼ばれる条項を契約書に入れておく手法がある。その結果，万が一，市場が再活性した際に，収入を取りはぐれることがなくなるメリットがある。

―その他の要素―

● その他の最低取引量，マーケティング協力，納期，支払い条件，解除条項などの要素を「交渉変数」と呼ぶが，交渉戦略の基本としては「交渉変数をできるだけ増やす」ことが，交渉相手との Give & Take を行う余地や緩衝材（バッファー）を残すために肝要である。

Chapter 3

―フェーズ3―
提案・交渉

　Chapter 2 の「交渉戦略の立案／提案内容の決定」に
おいて，具体的な交渉戦略，提案内容を検討・決定させ
るための具体的な手順について説明をしてきた。具体的
な提案内容が固まったら交渉相手に提案をするフェーズ
に移る。いよいよ，交渉がスタートすることになる。

Case 3 M&Aにおけるフィーで 海外取引先が激怒

　あなたは，企業のM&A（合併・買収）に関するアドバイザー業務を行う会社に勤めている。今回のクライアントは，あるヨーロッパの国にある生命保険会社D社である。D社は積極的に日本のがん保険市場に進出しようと考えており，数年前から市場調査や戦略立案についての業務を行ってきた。

　今回は，あなたの会社がD社の財務アドバイザー業務に就任して，日本の伝統ある生命保険会社E社を買収するというゲームプランを提案した。

　あなたはプロジェクトメンバーの一員として，初めての国境を越えたM&Aが起きるかもしれないという興奮を抑えきれずにD社との初回のミーティングに参加した。

　初回のミーティングでは，主に買収スキーム，今後のスケジュール感が話し合われた。非常に緊張した空気のなかでミーティングが進んでいき，D社の背の高いJohnさんという男性からの矢継ぎ早の質問に対して，あなたの上司がそつなく受け答えをして時間が過ぎていった。

　それはフィーのことについて，あなたの上司が説明をした時であった。

No! no, no, no….
This is not acceptable at all!

　そこには，大きな怒鳴り声とともに椅子から立ち上がって両手を広げているJohnさんがいた。ビックリして見てみると，Johnさんは顔を真っ赤にして怒っているように見える。あなたは怖くなってすぐに目を下にやり，隣をそっと見たが，上司も同じように困った顔をして黙ってしまっている。

The fee you charge should be much much lower than this offer. It should be at least 50% discounted.

（報酬はあなた方の提案金額よりも，ずっと安くあるべきです。少なくとも半額にしてくれないと。）

　そう強い口調で John さんがまくし立て，あなた方は黙ったままその主張を聞いていた。

　その日は結局，ギクシャクした雰囲気のまま会議が終了して，挨拶もそこそこに会社に戻った。上司からは「やっぱりうちのフィーは高すぎるのかなぁ。John さん，あんなに怒っていたし。最低でも半額くらいに値引きしないと全然ダメそうだね。君はどう思う？」と話しかけてきた。

　あなたは，John さんが真っ赤な顔をして怒っているのだから，明らかに提案金額が高すぎるのだと思った。報酬を安くして D 社から断られないようにしないと，せっかくの海外 M&A 案件が無くなってしまう。

　その時，あなたは交渉戦略の社内研修で聞いた内容を思い出した。外国人は交渉上，自分たちに有利に進めるためにあえて怒ったフリをすることが時々あるということだ。John さんは報酬を大幅に安くさせるために，交渉上のテクニックであえて演技をした可能性もあるのではないか。今日の会議を振り返り，それまで冷静だった John さんが意図的にお芝居をしていた風にも思い始めた。

　初めての経験が多すぎて，あなたはどうすればよいかわからず，上司に何も言えなかった。

3-1 交渉におけるキーパーソン

■プロジェクトの決裁権を持つのは誰か

　まず，商談・交渉上のキーパーソンが誰であるかを見極めることが極めて重要である。交渉をしているプロジェクトの決裁権が実質的に誰にあるのかを見極めるのである。単純にタイトル（肩書き）の上の人がキーパーソンであるとは限らない。プロジェクトによっては担当者が決めている場合もあるし，会社によっては経営トップ（社長など）がすべてを決定しているケースもある。

　キーパーソンを見極めることができたら，キーパーソンと直接交渉をするのが最も望ましい。それが難しい場合であってもできるだけキーパーソンに近い人物に提案するようにする。経営トップの場合には，なかなか直接の交渉は難しいだろうが，できるだけ近いところにいる（信頼されている）人物と交渉するようにすることが肝要である。

■担当者と決裁権保有者との意見が食い違うことは日常茶飯事

　交渉の進め方についても，よくよく慎重に検討作業を行うべきである。
　交渉相手の会社の実務レベルの相手と商談・交渉をし，最初の頃は，情熱や熱量の大きさで商談がスムーズに進みそうな期待感が膨らんだものの，いざ具体的な条件について両社で承認をとろうとすると，急に交渉相手側の進展がなくなり，商談がストップするという失敗事例がよくある。

　だいたいにおいて，実務レベルの担当者が事前の「根回し」をしていないことが多い。いざ，社内の上司に相談してみたり，定例のマネジメント会議で上申してみたところ，担当者が思ったよりも強い反発，反対意見が

噴出してしまい，交渉が頓挫するのである。

　上記のようなケースは，言ってみれば，あくまでも実務レベルの「自分ごと」としてプロジェクトの検討がされていたに過ぎない。「自分ごと」のプロジェクトはあっさりと否決され，決裂し，消滅するのである。

　会社の上層部まで巻き込んだ「会社ごと」になっているプロジェクトはなかなか簡単には消滅せず，すぐに実現せずとも形を変えながら実現・合意に至ることが多い。

図3-1 「会社ごと」化の重要性

交渉相手の「会社ごと」にしてもらう準備が必要

自分ごと	会社ごと
●担当者レベル	●経営者レベル
●部門や部署のインタレスト（利益）に基づく，部分最適の判断	●会社全体のインタレスト（利益）に基づき，大所高所からの判断
●交渉が簡単に決裂・商談ストップ	●１つや２つの交渉変数で折り合いがつかなくても，簡単に壊れない交渉

3-2 交渉と根回し

■「会社ごと」化するために

大切なことは交渉相手の企業として「会社ごと」のプロジェクトにまで
格を上げておき，簡単には商談が壊されないような，大切に取り扱わされ
るプロジェクトに仕立て上げることである。

どうやったら個別の交渉案件を，「会社ごと」に格上げすることができ
るのであろうか。そのためには「根回し」作業が必要になる。根回しとは
日本特有のビジネス文化では決してなく，筆者がかつて勤務していた2社
の米国企業でも，根回しは非常に重要な社内プロセスであった。

直属の上司はもちろんのこと，隣の部署の上司（斜め上の上司）やその
ディールによってマイナスの影響が出るかもしれない部署など，さまざま
なステークホルダー（利害関係者）に対して，事前に根回しを行っておく
必要がある。

そうでないと，「オレは聞いていない」という人がでてきて，最終決裁
の際に反対意見を述べることがよくある。そうした事態を避けるためにも，
社内で根回しを行う必要がある。

1人ひとりと対面して根回しを行うのは大変だし，労力がいる。しかし
ながら，重要なプロジェクトであり，利害が社内で衝突するような要素が
存在するプロジェクトの場合には，面会する時間をもらい，丁寧にプロ
ジェクトの説明をすることが有効である。

■シンプルな案件であれば CC メールを活用

　一方で，そこまで複雑な利害関係は存在せず，極めてシンプルな案件であれば，社内メールのＣＣにどんどん利害が関係する人を追加して，結果としてステークホルダーが全員「知っている」という状況を作り出してしまう方法もある。

　やや強引な方法ではあるが，「何か問題・違和感があれば，メールで全員に返信して下さい」というコメントを付してメールを回覧してしまうのが簡潔である。

　この大量の人を CC に入れたメールでの根回しは，あらかじめ，大きな反対意見は出ないであろうと予見できるプロジェクトにおいておすすめの手法だ。

3-3 「頭出し」と提案内容の微修正

　具体的な提案内容が固まったら，いよいよ，その内容を交渉相手に伝える必要がある。多くの場合には，面会をして相手に手渡しをする，あるいはスクリーンに資料を投影しながらプレゼンテーションを行う（追ってメールで送付する）ことになる。

■頭出しで交渉相手のインタレストを探る

　本番のプレゼンテーションよりも前の段階で行う準備作業として「頭出し」という作業がある。

　頭出しというのは，提案内容の要となるポイントに関して，プレゼンテーションを行うよりも前のタイミングで，事前に口頭で交渉相手に伝えて反応を探る方法のことである。

　ヒアリング過程で理解をした交渉相手の興味がある内容，困っている課題などのインタレストに対して，正しいアプローチで提案ができているかどうか，方向性が大きくずれていないかどうかを事前にチェックするのである。そのために，口頭での頭出しは有効である。

　頭出しの段階で，想定した反応と少し違う反応があったら，見逃してはいけない。

　交渉相手から，再度ヒントをもらうように努め，できるだけ提案内容がピンポイントで交渉相手のインタレストに合致するように，提案内容を微修正する必要がある。そうすることで，痒いところに手が届くような気を配った跡がうかがえる提案内容，取引条件を提示できるのである。

　交渉相手に対して，「あなたの関心事項，課題などはしっかり理解していますよ。インタレストを踏まえて提案していますよ」というメッセージを送ることで，交渉相手との信頼関係が構築されることにつながる。

3-4 交渉の事前準備

■交渉は事前準備が90%

　交渉においては，事前の準備が極めて重要である。交渉が成功裡に進むかどうかは，事前準備で90％決まると言っても過言ではない。交渉に向けての備えはそれくらい重要なのである。

　一口に準備といっても，いろいろなタイミングの準備が存在するが，主に商談やミーティングの直前の準備について焦点を当てて説明する。

■何度もロールプレイングを

　私は重要な商談・交渉に臨む前に，必ず同席者との間でロールプレイング（模擬演習）を行った。チーム内で「相手役」と「自分たち役」との配役を決めて，商談の流れをシミュレーションするのである。

　想定問答集をその場で思いつくままにみんなで言い合いながら「こう聞かれたら，どう答える？」「その理由について聞かれたら，どうする？」「Noと言われたら，もう一度，こちらで検討し直すというのか？」と，ありとあらゆる相手からのフィードバックを予想して，シミュレーションを重ねる。

　私はミーティングに出発する前のおよそ1時間程度は，このシミュレーションに充てることが多いが，移動中のタクシーでも基本的にはずっとシミュレーションを続けている。先方のオフィスに着いてから合流するメンバーもいるので，最後のシミュレーションは商談場所についてからエレベーターホールに向かう場所において実施することも多い。綿密に繰り返しロールプレイングを行うのである。

周到に準備やロールプレイングという予行演習を重ねることで，本番の商談・交渉のテーブルにおいて，予想もしなかった展開や不測の事態は，基本的に避けられる。

　徹底したシミュレーションや予測を行っているので，その想定していた複数のシナリオの中で「割と良かったシナリオ」なのか「最悪のシナリオ」だったのかに過ぎないことになるのである。

　周到なロールプレイング等の準備により，交渉相手から想定外のことを言われてパニックになる，思ってもみなかった譲歩を強いられる，ということはなくすことができる。

図3-2　交渉の事前準備

交渉は準備が90%

事前準備	交渉・商談
●何が「成果（＝ゴール）」であるかを設定し，確認する ●想定問答 ●シナリオ分岐をつくり，ロールプレイング	●あらかじめ準備していたシナリオの範囲 ●ボールを渡すのか，持ち帰るのか

ボールを持ち帰るか否か

■今日の商談の「成果」を確認しておく

1回1回の商談，交渉のミーティングにおいて，その商談の成果を確認する必要がある。

つまり，商談の最後にどういう状態になっていれば成功と言えて，どういう成果が勝ち取れなければ失敗なのかを，事前にイメージしておくのである。

例えば，商談の最後に相手から「提案内容を検討します」という言葉を引き出すことを成果として設定しておくということや，相手から具体的な「数値目標を聞き出す」ことを成果として設定することがよくある。

そのような形で商談の成果を事前に決めた上で商談や交渉に臨むことが大事である。

また，参加メンバーとの間でも事前に果実に関する認識を揃えておく必要がある。その商談の果実としてよく出てくるのが，「ボールをどちらが持つか」というテーマである。

■検討する義務を負うのはどちらか？

「ボールを持つ」というのは比喩的表現であるが，交渉当事者のどちらが検討する義務を負っているかという意味である。

次回のミーティングまでに，あなたの会社側が条件や取引内容を検討することになったら「自社がボールを持つ」ことになるし，交渉相手の会社側が検討をすることになったら「相手がボールを持つ」ことになる。

この「ボールをどちらが持つか」というのが，交渉戦略上，極めて重要になる。何かプロジェクトの提案や取引条件の提案をした際に，そのまま

すんなりと相手が受け入れてくれて，合意に至るということは，ほぼない。何らかのダメ出しや反発，質問があるはずで，場合によっては「まったく検討に値しない」と突き返されてしまうこともある。そんな時に「ボールを持ち帰る」のかどうかを事前に同じチーム内で決めておく必要がある。「ボールを持ち帰る」ことになると，せっかく提案した内容について，ボールを交渉相手は受け取ってくれていないということになるので，あなたの会社は提案をしておきながら，さらに譲歩した条件で再提案をすることになる。つまり，一方的にあなたの会社が譲歩をしてしまって交渉が進むことになる。

■交渉相手にボールを渡せれば大きな一歩

　どうしてもという場合以外には，基本的には「相手にボールを持ってもらう」ことが必要だ。交渉相手から厳しい反応があったり，いろいろと難癖をつけられても，「何とかご検討をいただきたい」と食い下がることで，ボールを交渉相手に受け取ってもらうことが重要である。

　交渉相手が1度ボールを受け取れば，先方に何らかの検討をする義務が生じるし，何らかのフィードバック（この条件はよいが，この条件は受け入れられない等）を先方から期待することができる。その時点で，交渉が前に進んでいることになるので，大きな1歩である。

外国人相手の交渉では「Sorry」と言うべからず

　日本人の特徴として「Sorry」とすぐに言ってしまうクセが挙げられる。英語で外国人相手に会話をしようとすると，途端に緊張をしてしまい，「Sorry…」とすぐに言ってしまう日本人が多いが，あれはできれば避けたほうがよい。文法を間違えたり，言いたかったことと違う単語が出てきてしまって言い直すときに「Sorry…」という日本人が多いような気がする。

　日本の英語教育の最大の問題であると個人的には思うが，正しい文法で，正しい単語を使った完璧な英語を話さないといけないと信じ込んでしまっている人が多いため，ついつい，言い間違えたりすると「ごめんなさい」という心理になって「Sorry」と言ってしまうのであろう。

　母国語であるアメリカ人，イギリス人，オーストラリア人などは別であるが，それ以外の人たちが話す英語は文法も単語もバラバラなことが多い。それでもヨーロッパの各国，南米の人，インド人，中国人などは，実に堂々と自分たちなりの英語を話す。言い間違えなど，まるっきり気にしないし，そんなことで「申し訳ない」などと思ってはいない。

　それに対して日本人は謙虚というか，完璧な英語を目指し過ぎるためか，「Sorry」と言い過ぎる人が多いようだ。交渉相手の外国人からすると，日本人の「Sorry」は特に気になることもないだろうし，「Sorry」につけ込んで交渉をしかけてくることもないと思うが，少し自信がない姿に見えてしまうので，この「Sorry」は避けるべきである。

　では，日本人が言い間違えなどで「Sorry」と言ってしまうことは避けたほうがよいと書いたが，外国人には謝らないほうがよいのであろうか？

答えは「No」である。外国人に対しても，日本人に対しても，誰に対しても悪いことをしてしまったら謝るべきである。

　特に，交渉を進める上で，大して重要ではないポイントで謝るのはまったく問題ない。

　英語の表現としては「Sorry」は「ごめんなさい」という砕けた感じのニュアンスがあるので，ビジネス交渉上は「申し訳ありませんでした」というニュアンスのある「Apology（もしくは複数形のApologies）」という用語を使うほうがよい。

　例えば，「メールでの返信が遅くなってしまった場合」には，どうするべきだろう。これは交渉上，重要なポイントではないし，ビジネスマナー上は失礼にあたるので，謝るべきである。

Apology for the late reply.
（返事が遅くなって申し訳ございませんでした。）
It took more time than expected to get back to you – apologies.
（思った以上に時間がかかってしまいました，申し訳ございません。）

　メールの冒頭に上記のように書けばよいだろう。

　逆に言えば，交渉を進める上で重要なポイントで謝ったり，譲歩してはいけない。

　特に，自分たちの提案や主張，プライス（価格）などの取引条件を裏付けるようなロジック（算出論理）を構成しているポイントについては，何があっても自分たちに非があると認めること，謝ることは避けるべきである。

　不用意な「Sorry」や「Apology」を表明することによって，自分たちの交渉上の立場を弱くしたり，これまでの主張から正当性を失うことになるなど，交渉に悪影響をもたらす危険があるからである。

> ✏ **Tips!**

「優しい警官（Good cop）」を信用しない

　海外の企業でよく用いられる交渉テクニックとして Good cop（優しい警官）と Bad cop（怖い警官）を使い分けるという手法がある。交渉相手側が2人でチームを組んで交渉を仕掛けてくるのであるが，片方の交渉相手はあなたにとって不利なこと，受け入れにくい厳しい条件だけを言ってくる役割（Bad cop）で，もう片方の交渉相手はあなたにとって理解を示してくれて，寄り添ったようなスタンスを見せてくる（Good cop）というのが典型的な手法である。

　交渉相手は2人に分かれた上で，厳しい姿勢と優しい姿勢を使い分けて，あなたに揺さぶりをかけているわけである。Good cop 役の彼（彼女）はあくまでも交渉テクニックとして，「優しい」フリをしているだけで「あなたの会社の味方」のような役回りを演じているのであるが，本当に「優しくて」「味方」だと信用してしまうことがある。ついつい本音を明かしてしまうと，交渉上，不利益を被ることがあるので要注意である。

　あなたの会社がソファなどの家具を製造している会社で，通常であればソファ1台当たり15万円程度で取引しているとしよう。買い手側の Bad cop が厳しいことを次々に言ってきて「8万円でないと買わない」という条件を提示して，商談から帰っていったとしよう。次に Good cop 役の交渉相手があらわれて「うちの会社が提案した条件だと厳しいですよねー。わかりますよ。私はあなたの会社の個人的なファンですから！」などと言って，近づいてきて親身になって相談に乗ってきた。あなたは，ついつい Good cop に心を許してしまい「8万円はいくらなんでも厳しいですよ。せめて10万円だったら，何とかやっていけるんだけどね」という会話をした。

実は，Good cop も Bad cop も同じ会社で，通常15万円のプラ
イスであるソファを12万円以下で値切ったうえで購入できれば大成
功と思っていたのだが，あなたが Good cop に漏らした言葉によっ
て，ギリギリであれば10万円まで値切ることが可能とわかってし
まった。

　こうしたケースのように，Bad cop の提示してくる厳しい条件に
対する評価を Good cop についつい漏らしてしまって，交渉上，不
利益を被ることがある。絶対に「Good cop（優しい警官）」を信用
してはいけない。

✏️ Tips!

日本語の「はい・いいえ」と「Yes・No」は違う

　英語での「Yes」「No」は日本語の「はい」「いいえ」と必ずしも
一致しない。読者の方には，少しわかりにくいかもしれないが，英語
においては，どんな質問をされても，「できること」「やりたいこと」
に対しては「Yes」と答え，「できないこと」「やりたくないこと」に
対しては「No」を使う。

　例えば，「プールで泳ぐこと」ということに対して，「泳ぐことがで
きる」「泳ぎたい」のは「Yes」であり，「泳ぐことができない」「泳
ぐのはイヤ」であるのは「No」と表現する。英語の「Yes」「No」
は，どんな質問をされても変わらない。

　それに対して，日本語は聞かれた内容に対して肯定であれば「は
い」と言い，相手の言った内容を否定をする際に「いいえ」という答
えを使い分けるので，英語で「Yes」であるが，日本語では「いい
え」ということがよくある。

　例えば，

Do you like swimming?

（あなたは水泳が好きですか？）

という質問が来ようが，

Aren't you be able to swim in the pool?

（あなたはプールで泳げないのですか？）

と聞かれようが「泳ぐことができる」「泳ぎたい」場合には「Yes」を使った答えになる。

Yes, I would love to swim.

（はい，私は水泳が好きです。）

Yes, I am able to swim in the pool.

（いいえ，私はプールで泳ぐことができます。）

　日本語では2番目が「いいえ」となっていることに注目していただきたい。逆に，「泳ぐことができない」「泳ぐのはイヤ」な場合には，「No」を使った答えになる。

No, I hate swimming.

（いいえ，私は水泳が大嫌いです。）

No, I am not able to swim in the pool.

（はい，私はプールで泳ぐことができません。）

　日本語では，2番目の答えが「はい」になっていることに注目していただきたい。

　この英語と日本語の意味の違いが，交渉相手に対して思わぬ誤解を与えることになるので要注意である。
　日本人としては，交渉相手の質問に対して肯定する際には「はい」と言うことに慣れている。したがって，本来であれば「No」と言わなければいけない状況で，つい「はい」＝「Yes」という翻訳をしてしまい「yes」と言うことで，交渉相手に誤解を与えてしまうことが

ある。

　日本人の同僚や部下，交渉相手側の日本人が英語を使って話す機会を数多く見てきたが，本当に頻発する日本人のミスである。

　例えば，あなたは伝統工芸品を作る職人を抱える工房を経営している。海外からのバイヤーが大量に買付けをしてくれる交渉を持ちかけてきたが，製造した伝統工芸品をマーケティングすることをあなたの会社に求めている。あなたの会社にはマーケティングに関する専門的な人材もおらず，経験もノウハウもない。マーケティングをすることは絶対に取引条件にされたくないとしよう。

About the marketing, we think marketing activities of your products is very important.
（マーケティングについてですが，私たちはあなたの工房の製品をマーケティングすることがとても大事だと思っています。）
Yes.（はい。）
You don't intend to make marketing efforts as a part of our deal?
（今回のお取引条件の一部として，マーケティング協力を行うということを盛り込まないおつもりですか？）
Yes, we do not have any staff and experience before.
（はい。私たちにはマーケティングに関するスタッフも経験もありませんし。）

　英語がそこまで上手ではなく，あまり大きな声で話さないと，交渉相手の外国人には「Yes」「Yes, we …marketing…」といった感じで「Yes」しか聞き取れないことがある。英語では「Yes」は「できる」「したい」という意味であることを前述したが，こうした状況では，交渉相手はあなたの工房がマーケティングを「できる」「してもOK」という風に誤解する可能性は極めて高い。

　では，本来であれば，どのような英語を用いるべきであろうか。

About the marketing,

（マーケティングについてですが，）

No, no, no…

（無理です，無理です。）

We think marketing activities of your products is very important.

（私たちはあなたの工房の製品をマーケティングすることがとても大事だと思っています。）

No, that could be a big problem.

（はい，それは難しい問題になりそうです。）

You don't intend to make marketing efforts as a part of our deal?

（今回のお取引条件の一部として，マーケティング協力を行うということを盛り込まないおつもりですか？）

No! Absolutely no. We do not have any staff and experience before.

（はい！　絶対に無理です。私たちにはマーケティングに関するスタッフも経験もありませんので無理です。）

　このように「できない」「したくない」ことについては，どんな質問が来ようが「No」で答えることが重要だ。場合によっては，上記の例のように交渉相手が話している途中で，相槌のように「no,no,no」と小さく言いながら首を横に振りながら，話を聞くと効果的だと思う。

Chapter 3

Summary

- 交渉をしているプロジェクトを実質的に決めているキーパーソンを見極めた上で，キーパーソンに対して提案を行う必要がある。単純にタイトル（肩書き）の上の人がキーパーソンであるとは限らず，プロジェクトによっては担当者が決めている場合もあるし，経営トップがすべてを決定しているケースもある。

- 「自分ごと」のプロジェクトはあっさりと否決される，頓挫する，決裂する。一方で会社の上層部まで巻き込んだ「会社ごと」になっているプロジェクトはなかなか簡単には消滅せず，すぐに実現せずとも形を変えながら実現・合意することが多い。そのためには，「根回し」を事前にしておくことが有効である。

- 提案資料については，メールで送る前にプレゼンテーションを効果的に行う必要がある。メールだけで提案資料や主要な条件を送ってしまうのは絶対に避けるべきである。

- また，本番のプレゼンテーションの準備段階で，交渉相手のインタレストに対して，自分たちの提案内容が正しくアプローチできているかどうか，方向性が大きくずれていないかどうかを事前にチェックするために，口頭での「頭出し」が有効である。その頭出しの段階で，想定した反応と少し違う反応があったら，提案内容を微修正する必要がある。

- 交渉においては，事前の準備が極めて重要である。交渉が成功裡に進むかどうかは，事前準備で90%決まると言っても過言ではない。

  ▷ 何度もロールプレイを：同席者との間で配役を決めた上でロールプレイングを行い，商談の流れをシミュレーションすることが大切である。

  ▷ 今日の「成果」が何であるか確認する：商談の「成果」を事前に決めた上で商談や交渉に臨むことが大事である。

  ▷ ボールを持ち帰るかどうかというポイント：商談の終わりに，どちらが「ボールを持ち帰るか」を事前に決めてから商談に臨むことが重要である。どうしても，という場合以外には，基本的には「相手にボールを持ってもらう」ことが必要だ。色々と難しいと言われても，食い下がり「何とかご検討をいただきたい」ということで，ボールを交渉相手に受け取ってもらうべきである。

Chapter 4

―フェーズ4―
判 断

　さて，交渉相手に対して提案を行い，商談を重ね，交渉も大詰めを迎えた。そろそろ交渉相手との間で合意に近づいている状況になりつつある。そのような場面では，以下のような疑問が生じることはないだろうか。

● 少し納得できない条件があるが，はたして合意してもよいのか？
● 他にもっと良い条件を出してくれるクライアントはいないのか？
● もし，この機会を逃したらどうなるのか？

　いよいよディール交渉について「判断」をする必要がある。このパートでは，「判断」のフェーズでの考え方について説明をしていきたい。

Case 4 映画版権交渉における使用料の決定

　あなたは日本を代表する映画会社に勤めている。興行収入100億円を突破した大ヒット映画「はめつの戦い」の放映権を海外のテレビ局B社に販売する交渉を任されることになった。

　何度かオンライン会議を行った上で，B社の交渉担当者から提案のニュアンスを伝えたいということで，以下のような電話があった。

We believe our offer is significant enough to be considered. Please understand that this 3 million dollar offer is something we can prepare for at this moment after the long hustle internally. I don't think we can go beyond this number⋯ to be honest. Hoping to hear from you with positive reaction.

（私たちの提案は十分に検討に値する条件だと思っている。今回の3億円というのは，当社が現時点において頑張って用意できた金額だということを理解して欲しい。正直にいって，これ以上の金額を提案するの難しいだろう。あなたの会社から良い反応があるだろうと期待しているよ。）

　テレビ局B社との交渉は難航し，期待値を大きく下回る3億円でしか合意が見込めない状況である。ちなみに，B社としては，配信事業者に映画や強力なコンテンツを取られてしまうリスクを非常に感じている。

　そこでテレビ局とは敵対関係にあるグローバルな配信事業者C社と話をし始めたところ，少なくとも2億円を上回る金額での合意が見込めそうである。C社との交渉を続けていけば，さらなる金額の上乗せも期待できる感触を得ている。

C社の交渉担当者からはミーティングの後に，以下のようなメールが送られてきた。

Thank you for the meeting today. We believe we had very nice discussions. As we explicitly mentioned that we are very interested in "Battle of Hametsu" and we are ready to make an official offer at $ 2 million as a starting point. Hope we can discuss further and if your negotiation status with your other companies change, please do let us know.

（本日はありがとうございました。とても良い話し合いができたと感じています。ミーティング中にも明確に申し上げました通り，当社としては「はめつの戦い」に対して非常に興味がありまして，出発点として2億円のご提案を行う用意があります。今後，さらに突っ込んだご商談ができることを期待しておりますし，交渉中の他社との状況が変わりましたら，是非お知らせいただければ幸いです。）

　あなたの勤務している映画会社内での「はめつの戦い」から期待される売上は5億円での販売である。どのようなゲームプラン（作戦）を立てて，交渉を進めていければ売上が最大化できるであろうか。また，合意すべきかどうか，どのようなステップを踏んで「判断」をすればよいのだろうか。

4-1 合意すべきかどうかは BATNAと比較して判断

■合意するかどうか

交渉中の取引を合意するかどうか「判断」する際に大切なキーワードはBATNAと比較して判断することである。BATNAというのは聞きなれない言葉であると思うが，交渉戦略では普通に用いられる用語であり「バトナ」と発音する。「Better Alternative To Negotiated Agreement*」の略であり，直訳すると「合意しなかった場合に想定される次善策」ということになるが，意味としては「対抗馬」「相見積もり」ということである。

図4-1 判断フェーズ

合意すべきかどうか，BATNA と比較して判断する！

合意すべきかどうか 判断する	判断の基準 (BATNA)	意味
	●Better Alternative To Negotiated Agreement	●合意しなかった場合に想定される次善策 ●対抗馬 ●相見積もり

Example 大家との交渉

具体的な事例をもとにBATNAについて，もう少し詳しく説明をしたい。あなたが住む家を探しているとしよう。ある物件Aのオーナーとの交渉がほぼ終わり，図4-2 のような条件で合意できそうな見通しが立ったとする。

*出所：「Getting to YES」written by Roger Fisher, William Ury.

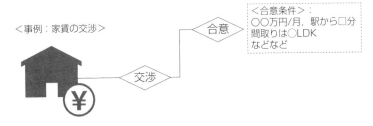

図4-2 大家さんと家賃を交渉する事例

＜事例：家賃の交渉＞

交渉

合意

＜合意条件＞：
〇〇万円/月，駅から□分
間取りは〇LDK
などなど

＜合意できそうな条件＞：

家賃15万円／月，駅から徒歩7分

間取りは1LDK

　さて，あなたはこの物件Aのことを気に入っており，オーナーとも合意を形成することは可能な状況であるが，本当にこのオーナーと合意してよいのだろうか？　あとで後悔することはないだろうか？

　何となく流れに任せてしまうということではなく，合理的，ロジカルに合意すべきかどうかを判断するためには，他の選択肢との間で比較検討をする必要がある。物件Aを借りて住む以外の選択肢として，例えば以下のようなものが考えられるとしよう。

● 別のアパートBを借りて住む
● 友だちとシェアハウスで住む
● 自分で家を建てる

　それぞれの選択肢には利点とともに問題点や課題も存在する。例えば，アパートBを借りた場合には家賃は物件Aよりも安いが，立地が駅から遠い。自分で家を建てるには，住宅ローンを借りる必要があるが，今の年収からするとなかなか希望額を借りられそうにない，等々の課題が存在する場合があるだろう。

　色々な問題点・課題を整理すると，自分にとって最も「次善の（＝マシな）」

選択肢としては「友だちとシェアハウスで住む」であると仮定しよう。この時の「友だちとシェアハウスで住む」という選択肢のことを，交渉戦略上「BATNA」と呼ぶ。つまり物件Aに住むことに対する「次善の」選択肢であり，物件Aの交渉がブレークした際に，頼り（＝アテ）にできる具体的なバックアップ・プランである。

　あなたとしては，物件Aのオーナーとの交渉が最終局面に来ているので，「合意する」か「合意しないか」の2択を選択しなければならない。その時に「合意しない」つまり交渉を決裂させたときにはBATNAが頼りになるわけであるが，自分がどういう状況になるのかを想像することが非常に大事である。上記の場合において，物件Aを賃貸する交渉を打ち切った場合には，「友だちとシェアハウスで住む」という現実が待っていることになる。

　その2つを比べた時に，どちらがよいのか？　それを自分のなかで冷静にBATNAと比較をして，交渉を「合意するのか」「ディールブレイク」するのかについて「判断」すればよい。

図4-3　BATNAの具体的イメージとは？

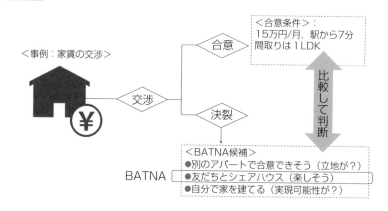

4-2 BATNAを作る

■BATNA が存在しない場合

BATNA が存在しない場合にはどうしたらよいだろうか？　実際には，「相見積もり」や「対抗馬」が存在せずに，単独の相手と交渉をしていることは多い。そんな場合には BATNA を自ら作り出すことが必要になる。

A 社と交渉をしているのであれば合意寸前に，交渉相手にいったん待ってもらい，競合他社の B 社からも同じプロジェクトに対して提案をしてもらうように促すのである。

BATNA がなければ作り出す。これが交渉の「判断」をする上では，極めて大事なアプローチである。

Example 映画会社とBATNA

　あなたは映画会社で働いており，大ヒット映画の放映権をテレビ局に販売する仕事をしていたとしよう。テレビ局Aからは3億円で放映権を購入したいという大きな金額の提案があった。あなたとしては，果たしてこのまま合意してよいかどうか，どのように判断すればよいかわからない。それは，BATNAが存在しないからである。

　そのような場合には，テレビ局Aのライバルであるテレビ局Bに対してアプローチをして，大ヒット映画の放映権について「相見積もり」をとればよい。

　具体的には3億円を上回る提案が来ればB社を選べばよいし，3億円を下回る提案しか来なければA社と合意するという判断が正しい。この時のB社からの提案がBATNAに相当するわけであるが，自らBATNAを作り出していくことが肝要である。

図4-4 BATNAがなければ作り出す！

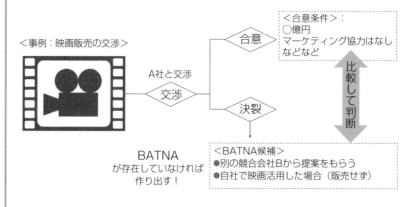

4-3 日米で違うディールブレイクに対する意識

■米国系会社はディールブレイクを恐れない傾向

さて，本命の交渉相手との条件と BATNA とを比較して，BATNA のほうがより良い条件が見込まれる状況であれば，あなたは BATNA を選ぶべきである。つまり，目の前の交渉相手とはディールブレイクすべきことになる。

ここからは，ディールブレイクに関する考え方を少し詳しく説明していきたい。

私はアメリカ系の会社2社で働き，ディールブレイクに関する考え方の違いに非常に驚いた経験を持つ。2社での経験をもとに一般化するのは，やや危険な拡大解釈になるかもしれないが，アメリカ企業は一般的に日本企業と比べるとディールブレイクを恐れない傾向が強い。

■日本企業はディールブレイクを恐れる

逆に，私の経験に基づくと一般的な日本企業は非常にディールブレイクを恐れる。交渉をしたとすると，合意することがゴールになっているケースが多い。いわゆる「合意ありき」の交渉である。

担当者としては合意に達することが最優先され，条件は最悪の場合には「譲歩しても…」という思考プロセスになっているケースが少なくない。

これは社会の成り立ち方が影響しているのではないかと私は思っている。日本は「ムラ社会」であり，ムラの構成員は全員が顔なじみで，協力し合いながら農業や漁業などを営み暮らしていた。したがって，ムラの中でのやりとり（取引）は基本的に一度切りで終わることはなく，継続的に行われることを想定していた。先祖の代から孫の世代まで継続的にお付き合いをしていく関係性のなかで，行われる取引を前提とした交渉であるので

「決裂」というのは想定されていないし，それは避けなければいけないシナリオである。もし「ムラ社会」の構成員としての取引に参加できないとなると，「ムラ」から出ていくしかなくなるからである。

　このような文化，社会的な構造を背景としてかどうかわからないが，日本社会はまず「合意ありき」であることが多い。取引先との関係も長期に渡ることが多く，サプライチェーン（供給網）を含めて「ムラ社会」が形成されていることも多い。取引先との「関係性」を過度に重視する傾向もあると思う。結果として，その「ムラ社会」の構成員であり続けようという意図から，自分たちの主張をし過ぎることを避けて「合意ありき」の交渉を行うことが多いのかもしれない。

Example 　日本企業でのディールブレイク

　あなたが大きなプロジェクトの交渉担当者で，大きな取引相手との交渉で合意できずにディールブレイクになったら，社内はどのような雰囲気になるだろうか。「何でディールブレイクになんていう事態になったんだ」「交渉のやり方がおかしかったんではないだろうか」「大型の取引をまとめられないなんて，交渉が下手に違いない」。問題点を指摘されたり，悪い評価をされることはあったとしても，評価が上がることはまずないのではないだろうか。

　小規模な会社であれば，社長や取締役が自ら会議室に入ってきて，「期待していた〇社とのプロジェクトが交渉不成立でディールできないと聞いたが，何をやっているんだ！」などと激しい怒号を現場に対して飛ばすことがあるかもしれない。もちろん例外はあるだろうが，多くの日本企業で見受けられる交渉不成立の際のリアクションはこんな感じであろう。

■対日本ではディールブレイクが最大の武器になる

　日米で大きく考え方の違いが存在する「ディールブレイク」であるが，使い方によっては，交渉上の最大の武器になり得る。

　なぜかと言うと，多くの日本企業においては「合意ありき」の交渉が一般的であり，合意できなかった場合の社内での評価を含めて，組織全体として交渉決裂を回避するようなモチベーションが働くことが多い。つまり，多少，条件を譲歩して，収益を悪化させたとしても，取引の合意そのものをゴールとして妥協を行ってしまうことがある。

　交渉相手側からディールブレイクをちらつかされたり，ディールブレイクを宣言されてしまうと，交渉担当者としては大きなパニックになることが多く，担当者だけではなく，組織全体でパニックになることが多い。そして，次のステップとしては，何とか合意をまとめようとして，これまでの商談では絶対に呑むことが難しいと言っていたような条件を譲歩するなどして，大幅に態度を軟化させて，交渉のテーブルにしがみつくことが多いのだ。

　そうなれば，ディールブレイクを仕掛けた側としてはチャンス到来である。一気に攻守の立場が入れ替わることもあり，交渉の流れが大きく変わることがある。

　この点は日本人として，是非，もう少し多くの日本企業がディールブレイクを恐れずに「合意ありき」の交渉から抜け出してほしいと願っている。

　特に海外の企業と交渉する際には，交渉相手が意図的に「ディールブレイク」を武器として使ってくる場合がある。必要以上に「合意すること」にこだわらずに冷静に自分たちの商品やサービスの「交渉力」を見極めて，BATNAと比較して「合意すべきかどうか」を判断すべきである。

No deal is better than bad deal.

　アメリカ社会は日本とは異なる成り立ち方をしてきた。ゴールドラッシュと呼ばれる西海岸での開拓事業においては，その土地に各地から集結した「ならず者」たちが一攫千金を狙い，大きな取引（油田開発，列車路線の開発）を行った。

　その取引の交渉においては，一度きりで二度と会わない可能性の高い相手との交渉になり，まさに切るか切られるか，ディール（取引）するか，ディールしないかの繰り返しであったであろう。

　ディールしなかったとしても，もともと「ムラ社会」は存在せず，また新たな「ならず者」との一期一会の出会いで交渉をすればよい。そんな考え方が現在のアメリカ企業にも浸透しているのかもしれない。

　アメリカ企業で勤務していた時代のエピソードであるが，私があるプロジェクトの交渉を担当して頑張って交渉をしていた。規模としては，比較的大型の案件に分類されるような取引であった。どうしても先方と合意できない条件がいくつもあり，さまざまな努力を自分なりにしたつもりであったが，どうしても合意にたどり着けなく，このままだとディールブレイクになるという状況になった。

　まだ年齢的にも若く，経験も浅かった当時の私は，こんなに大きなプロジェクトを任されて，ディールブレイクしてしまったら，自分はクビになるのではないかと生きた心地もしないで夜も眠れない日々を過ごした。

　最終的に交渉の最終責任者であるアメリカの上司に状況を報告しなければならない日が来た。自分に対してさぞかし厳しい叱責や処分が待っているだろうと，半ば諦めながらも，プロジェクトがディールブレイクする可能性が極めて高いことを報告した。

その際のアメリカ人の上司が言った言葉が，印象的だった。

No deal is better than bad deal. Well done!
（ディールブレイクをすることは，悪い取引で無理やり合意してしまうよりもよっ
ぽど良い。よくやった！）

　何と私を叱責するどころから，褒めてくれた。これには正直，腰を
抜かしてビックリした。まさかディールブレイクをした担当者を褒め
てくれるとは思わなかったからだ。

実感したディールブレイクをおそれない米国カルチャー

　これもアメリカ企業に勤務していた時のことである。ある案件の交
渉を行っていた際に，交渉相手の担当者が私にプレッシャーをかけよ
うと，「アメリカ本社の取締役とは古くからの友だちだ。その取締役
に直接連絡をして，あなたたち日本の担当チームの対応がひど過ぎる，
という連絡をしたいがよいか」と言われた。ありていに言えば，「お
前たちのアメリカ人の上司に言いつけをされたくなかったら，条件を
譲歩するように」と脅されたのだ。

　この時も私は心臓がバクバクしてしまった。正直，マズいことに
なったなと思った。アメリカ人の上司である取締役に対して，交渉相
手が明日にでも告げ口をするようなそぶりであった。そのため，急い
でその上司にメールを打ち，数時間後に電話会議を行った。その時の
上司の対応も，私に非常に勇気を与えてくれるものであった。

Don't worry. I am going to tell them that I am 100%
supportive for Japanese team's direction. Let's make them

understand that we all are aligned.

（心配するな。私のところに連絡があっても，日本チームの判断を100％尊重すると伝えておくよ。上から攻めようが，下から攻めようが，我が社は同じロジックで闘っていることを相手によく理解してもらおう。）

　交渉を任される担当者としては，これ以上に心強い会社からのバックアップはない。上司が味方であれば，どこから攻められようが怖くない。

　上司が自分たちの判断をひっくり返してしまうと，これからも交渉相手は上司に告げ口を続けるだろう。しかし，上司は私たちの判断を尊重してくれた。これで，交渉の判断をしているのは，まぎれもない，この自分なのだというメッセージを交渉相手にしっかりと伝えられる。

　この時にアメリカ企業は経営陣，マネジメント層まで含めて，ディールブレイクを恐れていないカルチャーなのだなと確信した。

　担当交渉者が正当なロジックを用いて，ディール（取引）するべきかどうかを検討して，ディールブレイクすべきという判断を行ったら，それを評価してくれる。経営陣，マネジメントも一緒になって，そのロジックを崩さないように戦ってくれるのである。

　日本とアメリカではディールブレイクや交渉がまとまらないことに対する考え方が大きく違うように感じる。あくまでも合意をまとめることを最優先にする傾向が強い日本企業と，自分たちの主張・ロジックを大切にして無理に譲歩してでも合意してしまうことを「悪い取引（bad deal）」として評価しないアメリカ企業である。

4-4 最終カードの切り方 (Take it or leave it.)

■ディールブレイク・ポイントはどこか?

さて，交渉の主導権を逆転させ，大きな譲歩を交渉相手から引き出す可能性があるディールブレイクであるが，どのような演出をすれば効果的であろうか。

ディールブレイクとは，言ってみれば「伝家の宝刀」である。そう簡単に抜いてはいけないし，ちらつかせるだけでも威力を発揮することがある。いよいよ，本当にディールブレイクをすると決めたときには，迫力をもって，伝家の宝刀を抜く必要がある。

自社が持つインタレスト（利益・関心）に照らして，重要で中核的なインタレストに紐づいている条件は譲歩できないであろうし，弱いインタレストしか持っていない部分の条件であれば譲歩することも可能なはずである。

まずは，絶対に受け入れられない強くて中核的なインタレストを持つ条件を見極め，社内で合意をとっておくことである。この条件こそが，絶対に譲れないポイント，つまりディールブレイク・ポイントである。

■テイク・イット　オア　リーブ・イット(Take it or leave it.)

交渉を重ねる中において，交渉相手が受け入れることがなかった条件や条項をあえて書面に記載して提示した上で，その中のどの条件・条項が自社にとってのディールブレイク・ポイントであるのかを明確に説明し，交渉相手に対して「合意するか，決裂するかのどちらかを選んでください」というメッセージを伝える。

これを交渉戦略では，「テイク・イット　オア　リーブ・イット（Take it or leave it.）でボールを置く」手法という。つまり，ディールブレイク・ポイントを交渉相手が受け入れるか（テイク），それとも決裂してディールブレイクするか（リーブ）の最終的な判断を交渉相手に迫るのである。

　交渉相手が外国人で，英語で交渉を行っている際には，以下のように伝えると迫力が出る。

This is the final offer from our side. Please consider our offer whether you take it or leave it.

（これが当社からの最終提案です。十分に検討をしていただき，合意するかディールブレイクを選ぶかご決断をお願いします）

図4-5　ディールブレイクの手法

カードを切るときには「Take it or leave it.」

●カードを切るときには思い切って

●ボールを渡し切る
　（ボールを持ち帰らない）

●合意 or 決裂の二者択一を迫る
　（Take it or leave it.）

■沈黙する

　「テイク・イット　オア　リーブ・イット」でボールを置いたら，その日は任務完了である。その場では，いったんミーティング部屋から退出して，交渉相手からの正式で最終的な返答が来るのを待つ。交渉相手からの正式な書面やメールによる正式な返答が来るまでは，ディールの再交渉に応じないことだ。交渉相手にプレッシャーをかけ続けるために，あえて沈

黙を保つことが効果的である。

　あなたとしては，ディールブレイク・ポイントを含めた主張を受け入れる形で交渉相手が交渉のテーブルに戻ってきたら，合意をすればよい。ディールブレイクのカードを切ったことによって交渉の主導権を掴んで良い条件で合意できたということになる。

　逆に，交渉相手が決裂を選ぶこともあるだろうが，その際には目の前の交渉相手とはディールブレイクをして，BATNA（自社にとっての次善策・バックアップ・プラン）の別会社と合意をすればよい。

　ディールブレイクに迫力を持たせるためには，あなたの会社側から「もしかしたら，うちの会社でも，もうちょっと譲歩できるかもしれません」などと中途半端なことを言ってはいけない。

　その場では，完全にボールを渡し切る必要がある。つまり，次回の商談までに交渉相手が「Yes」か「No」かを判断して，返答してもらわないといけない状況で商談を終える。

　まさにディールブレイクは最大の武器なのである。

4-5 デッドライン（Deadline）の魔力

■デッドラインには魔力がある

　ディールブレイクについて説明してきたが，ディールブレイクすることと密接に関連があることとしてデッドラインがある。交渉戦略を立案する際に，この設定を忘れてはいけない。デッドラインとは，「締め切り」だ。何事にも締め切りは重要で，しかも，設定されたデッドラインが，ときに信じられないような魔力を発揮する。

　小学校の時に夏休みの課題について8月31日の締め切り「1週間」前くらいから段々とエンジンがかかり，「前日」になると急に集中して作業をして一気に片づけた経験はないだろうか。

　社会人になっても，プロジェクトの締め切り，プレゼンテーションの締め切りが近づいてくると，スイッチが入り，ものすごい勢いで仕事を片付けることができる人は多い。

　これがデッドラインの魔力である。同じことは交渉戦略においても当てはまる。

■デッドライン直前に起きる「奇跡」

　交渉を始めた当初はお互いに意地の張り合いや主張のぶつかり合いが続き，交渉が進展しない，いわゆる膠着状態に陥ることは少なくない。しかしながら，デッドラインが近づいてくると，特に日本企業の場合にはディールブレイクを避けたいという組織的な心理が働くため，急に合意に向けて交渉が進展するケースが多い。

　デッドラインに関しては，あらかじめ戦略的にデッドラインを設定して相手に通知しておくことが望ましい。

例えば，交渉相手のサービスが新しい機能を追加して大々的にマーケティングキャンペーンを開始することがわかっていれば，その2～3週間前に交渉のデッドラインを設定しておく。

　交渉相手にとって，あなたの会社の商品やサービスがなくてはならない存在（Must-Have）であるならば，交渉が決裂してしまい，あなたの会社の商品やサービス抜きの状態で大型キャンペーンを打つことは避けたいと思うはずである。つまり，デッドラインを戦略的に設定することによって，何とか合意をしたいと交渉相手が思うような状況を作り出せる。
　既存契約のリニューアル（更新）交渉においては既存契約の契約満了日がデッドラインになる。つまりリニューアルで合意に至らなければ契約が終了するので，文字通り，デッドラインになる。

　このデッドラインに近づけば近づくほど大きな進展が起きる可能性が高くなるが，ときに信じられないようなことが起きることがある。それは，交渉開始の頃には「全く受け入れられない」あるいは「○○以上でないと社内の承認がとれない」と言っていた条件，非常に厚い壁や制約がありそうな条項について，これまで何度も強くプッシュしても穴があけられなかったのに，壁を一気にぶち破るような大きな譲歩を先方がしてくることがある。

■時には大きな譲歩を引き出せる

　デッドラインが近づいてくると，焦ったり，合意を求めて譲歩をしたくなる気持ちが出てきたりする。しかしながら，自社の商品やサービスが「Must-Have」な存在で，さらにBATNAから期待できる条件が交渉相手から期待できる条件よりも良い場合には，安易に譲歩をしてはいけない。あなたの会社は，ディールブレイクしてもよい状況であることを思い出してほしい。

そのように，有する交渉力が強い場合には，デッドラインに近づけば近づくほど，自分たちの主張を強くする（維持する）ことが大事で，交渉相手が譲歩するまで粘ることが肝要だ。

図4-6 ディールブレイクの効果

時には，大きな譲歩を引き出すことも可能

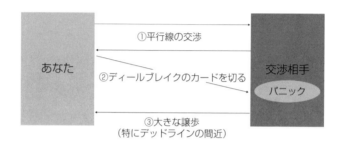

■デッドラインでの譲歩が見込めない場合

さて，デッドラインが近づいてきて，交渉相手が大幅な譲歩をしてくれて合意に至ることができればよいが，毎回そうであるとは限らない。あなたの会社も譲歩せず，交渉相手も譲歩の気配がなく，このままだと既存契約が終わってしまうということがある。

■暫定延長

その時の1つの対処策が「暫定延長」というツールである。これはリニューアル（更新）の交渉がうまく進展せず，このまま何も手を打たないでいると，既存契約が満了を迎えてしまうということが予見される場合に，既存契約の終了を避けるために，一定期間に限定して既存契約を延長する方法である。例えば，3ヶ月間，6ヶ月間の延長などがある。

この方法を用いると，現行契約のまま延長をするので，交渉当事者がお互いに傷つくことがなく，ビジネスの継続ができるという利点がある。

　しかしながら，一方で本質的な論点・交渉変数について，交渉当事者の議論がかみ合っておらず，収束点も見いだせない状況から「現実逃避」しているだけだとも言える。なかには暫定延長を繰り返し，7回も8回も暫定延長を繰り返していた事例を見たことがあるが，あまり感心しない。

　むしろ，お互いの中核的なインタレストをしっかりと主張し，譲れるポイントを探り，合意可能な範囲があるかどうかを早期に見極めるべきである。

　もし合意可能な範囲が存在しないのであれば，早晩，ディール（取引）は終了するわけであるから，早くディールブレイクをして，お互いに次の展開にリソースを振り向けたほうがよい。

Summary

● 進展した取引交渉を合意すべきかどうかにとるべき方法は「BATNAと比較して判断する」ことである。

―BATNAについて―

● BATNA：「バトナ」と発音する「Better Alternative To Negotiated Agreement」の略であり，直訳すると「合意しなかった場合に想定される次善策」。意味としては「対抗馬」「相見積もり」ということである。

● 実際には，「相見積もり」や「対抗馬」が存在せずに，単独の相手と交渉をしていることが多い。そんな場合にはBATNAをあなた自ら作り出すことが必要になる。

―ディールブレイクについて―

● 筆者の感想としては，アメリカ企業は一般的に日本企業と比べるとディールブレイクを恐れない傾向が強い。逆に，一般的な日本企業は非常にディールブレイクを恐れることが多い。

● 「合意ありき」の企業である場合には，ディールブレイクをちらつかせられたり，宣言されてしまうと，大きなパニックになることが多く，担当者だけではなく，組織全体でパニックになることが多い。そして，大幅に条件を譲歩するなどして，態度を軟化させて，交渉のテーブルにしがみつくことが多い。

● あなたの会社が絶対に受け入れることができない強い中核的なインタレストを持つ条件を見極め，社内で合意をとっておくことである。この条件こそが，ディールブレイク・ポイントになる。

● 交渉相手に対してディールブレイク・ポイントを受け入れるか（テイク），それとも決裂してディールブレイクするか（リーブ）の最終的な判断を交渉相手に迫る「テイク・イット　オア　リーブ・イット（Take it or leave it.）」の手法を用いるのが最も効果的である。

● テイク・イット　オア　リーブ・イットでボールを置いたら，交渉相手からの書面やメールによる正式な返答が来るまでは，「沈黙」を保つことが効果的である。

―デッドラインについて―

● デッドラインに関しては，予め戦略的にデッドラインを設定して相手に通知しておくことが望ましい。

● 既存契約のリニューアル（更新）交渉においては既存契約の契約満了日がデッドラインになる。

● デッドラインに近づけば近づくほど大きな進展が起きる可能性が高くなる。あなたの会社の交渉力が強い場合には，交渉相手が譲歩してくるまで強いスタンスで臨むべきである。

● 「暫定延長」は契約リニューアル（更新）の交渉がうまく進展せず，このまま何も手を打たないでいると，既存契約が満了を迎えてしまうということが予見される場合に，既存契約の終了を避けるために，一定期間に限定して既存契約を延長する方法であり，例えば，3ヶ月間，6ヶ月間の延長などがある。

Chapter 5

—フェーズ5—
合意・決裂（ディールブレイク）

　Chapter 4 では，ディールブレイクが有する効果を説明した。また，デッドラインが近づいてきたタイミングで，交渉相手から大きな譲歩を引き出すことに成功して合意にたどり着くことが多いことについて述べてきた。

　では，果たしてどんな状況でディールブレイクをすべきだろうか。「合意ありき」の日本企業にいる読者であれば，ディールブレイクに対する会社や上司からの理解やサポートがなく，交渉担当者としては心理的に怖気づいてしまう状況もあるだろう。そもそも，ディールブレイクが効果的だといっても，どんな状況におかれてもディールブレイクを目指してよいはずがない。どのような状況では合意を目指して，決裂を避けるべきだろうか。

　Chapter 5 は，本書の仕上げになるが「合意」「決裂」に関する類型を明らかにした上で交渉力の強さやBATNA を持っているかどうかなど，あなたの会社の置かれた状況において「合意」あるいは「決裂（ディールブレイク）」をすべき類型と具体的なステップについて，説明する。

5-1　3つの類型とデシジョンツリー(Decision Tree)

■3つの類型

　交渉戦略のフレームワークの最初の段階においては，まず，自社のサービスや商品の交渉力をスコアリングをして分析することを説明した。

　自社がどの程度強気な交渉を行うことができるかによって，交渉戦略も最後の「合意・決裂」に関する重大な判断も変わってくる。

　スコアリング手法を用いて交渉力をポイント化した (p.25)。その交渉力ポイントによって，下記のように，3つに分類することができる。

図5-1　交渉力のスコアリングによる分類

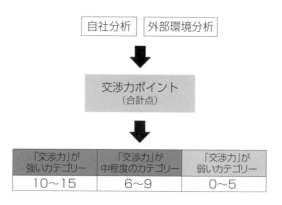

「交渉力」が 強いカテゴリー	「交渉力」が 中程度のカテゴリー	「交渉力」が 弱いカテゴリー
10〜15	6〜9	0〜5

　以下，交渉力ポイントが10-15ポイントの場合を「交渉力」が強いカテゴリー，交渉力ポイントが6-9ポイントの場合を「交渉力」が中程度のカテゴリー，交渉力ポイントが0-5ポイントの場合を「交渉力」が弱いカテゴリーとする。

■デシジョンツリー（Decision Tree）

　交渉力のポイントによって，３つに分類した後で，意思決定のための分岐を記載したデシジョンツリーを作ると，下図のようになる。

図5-2 「合意 or 決裂」に関するデシジョンツリー

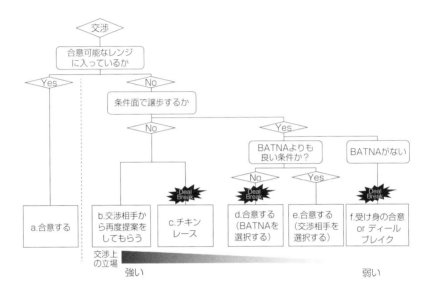

　横軸は交渉力の強さになっていて，左側が交渉力が最大の場合，右側が交渉力が１番弱い場合である。そして，下記のように，「合意」「決裂」を３つに類型化する。

- 交渉力ポイントが10-15ポイントの場合：図の左のカテゴリーにある，「ビッディング（入札）」「再提案をしてもらう」「チキンレース」
- 交渉力ポイントが６-９ポイントの場合：中程度のカテゴリーとして「合意する（BATNAを選ぶ）」「合意する（交渉相手を選ぶ）」
- 交渉力ポイントが0-5ポイントの場合：「追い込まれての合意 or 決裂」

　類型ごとに具体的なとるべきステップを説明していこう。

5-2 【類型①】交渉力が強い

　交渉力ポイントが10-15ポイントの場合には，相当強い立場での交渉を行う，もしくは交渉を打ち切ることが可能である。

■入札・ビッディング（Bidding）をする

　まず，最初の方法としてはビッディングが挙げられる。ビッディングとは，複数の交渉相手の中で最も良い条件を提案した事業者を選定するという方法である。

　通常は，事前にビッディングであることを取引相手，関係者に事前に伝えて行う。参加者が多く見込まれる場合には，1次入札（First Bid），2次入札（Second Bid）という形で何回かの選考プロセスを経て，候補となる会社を絞り込んでいく手法がよく用いられる。

　このビッディングでも大きな威力を発揮するのが，デッドラインの設定である。入札に応募してきた取引相手に対して，提案内容に対する追加の説明や補強材料となるデータの提示を求めることがよくあるが，その際にもどんどんと回答のデッドラインを設定していく。このことによって，交渉の主導権は，完全にビッディングを取り仕切っている会社のペースになる。

　回答が間に合わない，十分な情報が得られれないなどの理由で，交渉を打ち切る（ビッディングから落選させる）ことができる。また，「御社の条件よりも○○な面で大幅に良い提案をしてくれている会社があり，相当頑張って頂かないと，このままでは難しい」という形でライバル会社の情報をちらつかせることによって，交渉相手に対して精神的なプレッシャーを与えて，大幅な条件良化，金額アップなどの譲歩を引き出すことも可能である。

　まさに，究極の強気な交渉戦略である。

■再提案をしてもらう

　「交渉力」が非常に高い場合には，交渉戦略上，あえて「ボールを受け取らない」という戦略をとることが有用なケースがある。

　交渉相手が提案した取引条件について，合意可能なレンジ（範囲）に入っていない場合には，カウンター提案をするよりも，再度交渉相手から前より良い条件で提案をしてもらう選択肢を検討したほうがよい。「ボールを受け取らない」ことになると，先方からの提案をこちらは受け取っていないということになるので，交渉相手は提案をしておきながら，もう一度譲歩した内容で再提案をすることになる。つまり，一方的に交渉相手が譲歩をしてしまって，あなたの会社にとって有利な展開で交渉が進むことになる。

　あえて，提案を受け取らない，カウンター提案をしない手法である。繰り返しになるが，これは「交渉力」が強い場合にのみ有効であり，そうでない場合には避けるべき手法である。

■チキンレース（Chicken Race）を避ける

　前の章において，デッドラインが近づいてきたタイミングで，交渉力が強い場合には，自分たちにとって大切な条件を強く主張して，大きな譲歩を引き出すことが可能であることを述べた。デッドラインのギリギリまで大事なポイントに限って譲歩をせずに，交渉相手から大きな譲歩を引き出すという交渉テクニックがあることを紹介した。

　さらに進化させた手法として，チキンレースと呼ばれるテクニックがある。デッドラインが近づいても全く主張を変えない，（重要でないポイントも含めて）一切の譲歩をしないという手法である。交渉相手が譲歩しない限り，合意をしないという最大に強い立場で交渉の最終局面を迎える手法である。

　この「チキンレース」の「チキン」とは英語で「臆病者」という意味が

あり，崖から飛び降りる寸前まで2台のレーシングカーがどちらが速いかを競い合い，ブレーキを踏むタイミングを遅らせることができるかの競走をしているとイメージするとよい。

　チキンレースは非常に危険な賭けであり，よっぽどのことがない限り，私はおすすめしない。

　また，短期的なゼロサムゲームで有用な交渉テクニックではあるが，「長期的な信頼関係を築き，ビジネスの成果であるパイの面積を広げること」をゴールとする交渉戦略が目指すものとはかけ離れている。

　自社が業界の中で圧倒的なシェアを握っていたり，何らかの理由によって相手の会社に対して強い立場でいられる状況でない限り，チキンレースはしないこと。

　そうでない限りは，デッドラインに近づいてきたと感じたタイミングで，あなたの会社にとって優先度が高く中核的なインタレストと，そうではないインタレストを見極めて，後者については譲歩をして交渉相手に歩み寄るなど，戦略的な対処をすべきである。

5-3 【類型②】交渉力が中程度

　交渉力ポイントが6-9ポイントの場合は，あなたの会社は強くもなく，弱くもなく，通常の「交渉力」を有して交渉を行う。このケースが実際には最も多いのではないかと思う。

□合意する（交渉相手を選ぶ）

　では，通常の「交渉力」を有しながら交渉を進めてきた中で，デッドラインが近づいてきたタイミングでは，どのように戦略的にシナリオ分岐を作り，判断をしていけばよいのであろうか。

　まず， 図5-2 (115頁)「e. 合意する（交渉相手を選択する）」の類型を見てみよう。

　ここで想定されるのは，交渉相手との交渉を重ねてきて，取引条件が合意可能なレンジ（範囲）に入っている状況である。自社としても，自分たちの商品・サービスの位置づけなどを踏まえて，条件について多少の譲歩はしても合意を目指したいと考えている。また，競合相手B社からの相見積もりは取得できている（あるいは取得できる見込み）が，残念ながらそこまで良い条件の相見積もりではない。交渉相手であるA社との間のほうが良い取引条件が見込める。

　その場合には，迷わずに「合意する」という判断を行うことが自社にとって最良な選択である。

□合意する（BATNA を選ぶ）

　次に，前掲の 図5-2 の「d. 合意する（BATNA を選択する）」の直前にある「Deal Break（ディールブレイク）」について説明しよう。

この類型で想定されるのは，交渉を重ねてきたが，取引条件がまだ合意可能なレンジ（範囲）に入っていない状況である。

　自分たちの商品・サービスの位置づけなどを踏まえて，条件について多少の譲歩はしても合意を目指したいと考えている。

　また，競合相手B社からの相見積もりは取得できており（あるいは取得できる見込み），A社との条件よりもB社のほうが良い取引条件が見込める。

　つまり，BATNAのほうが良い条件である。

　この状況においては，A社との商談・交渉はいったんディールブレイクすべきである。そこでA社との話を終わりにして，B社を選択する（BATNAを選択する）ということでもよいし，A社に対して前より良い条件を出させるように依頼をして，B社の取引条件よりも良い取引条件を引き出す，ということでもよい。

　結果としては，BATNA以上（B社を選べばBATNA，A社を選ぶ際にはB社以上の良い取引条件）でのディールができることになる。

5-4 【類型③】交渉力が弱い

　交渉力ポイントが0-5ポイントの場合，あなたの会社の置かれた立場は，残念ながら非常に弱いケースである。このケースでは，残念ながら，交渉戦略上とりうる選択肢は多くない。

■追い込まれての合意 or 決裂

　交渉相手にとっては，あなたの会社との取引交渉が破談になったとしても，それほど大きな痛みを伴うものではないことがある。いわゆる「コモディティ」になってしまっており，価格以外で差別化ができていないケースである。このようなケースでは，交渉相手からみると，あなたの会社の商品やサービスは，いつでも「代替可能である」とみなされてしまっている。こうした状況では強気の交渉戦略は立てられない。

　さらに，あなたの会社にとってBATNAが存在しない状況であった場合，つまり，交渉相手のA社以外に有望な取引相手がいない場合には，さらに厳しい交渉環境に置かれてしまっていると言えるだろう。なぜならば，A社以外の取引相手の候補がいれば，A社との交渉が決裂した場合に，B社，C社と取引することが可能であるが，BATNAが存在しないケースではA社とのディールが失われないように，交渉にしがみつかなければいけないからである。

　このような状況では，状況的に追い込まれてしまい，受け身をしながら，結果としてディールブレイクになってしまう，というリスクが存在する。たまたまラッキーにも合意できる可能性はあるが，相手企業の理解や交渉相手の優しさ，対人関係の長年のご縁など，計算しづらい要素に結果を任せることになる（図5-2 のf.）。

結果として合意できたとしても，BATNAがない以上，はたして「良い取引」であったかの検証ができない。また，本来であれば合意しないほうが会社にとっては良いディールを，苦渋の決断で受け入れるということもあるだろう。

　目先の売上，資金繰りをつないでいくために仕方なく受け入れてしまった取引条件というようなイメージである。

■カウンター提案には飛びつけ！

　こうした厳しい交渉は，誰もが避けたいと思うだろう。追い込まれての合意や決裂を避けるためにどうしたらよいであろうか。

　バーゲニングパワー（交渉力）が極めて弱い場合やない場合としては，上記の例のほかに，あなたの会社が行う事業に対する許認可権を持っている役所との折衝や，企業の規模や事業規模が大きく，マーケットの中で圧倒的なシェアと存在感を有している大企業との取引交渉などがある。

　こうしたバーゲニングパワー（交渉力）がほぼゼロであるという特殊な状況における交渉についてとるべき戦術を紹介したい。

　特に気をつけなければいけないのは，交渉相手があなたの会社の「生殺与奪権」を握っている場合には，会社の命運がかかっているため慎重の上にも慎重を期して折衝を進めるべきであり，間違っても激しい交渉や主張のぶつけ合いをしてはいけない。

　図5-2 でいうと，1番左側に「a.合意する」とあるが，もし交渉相手から「合意可能なレンジ」での取引条件の提示があったら，すぐに飛びつかないといけない。そこでカウンター提案や交渉などをして，時間を無為に経過させてしまい，結果として，交渉相手が自分たちとは異なる相手を選んでしまったら目も当てられない。

　この特殊な状況においては，あなたの会社側から必死に営業をかけて，何度も提案をした後（一方的に条件を譲歩して再提案することも多い）に，

先方からカウンター提案をもらえることがある。

　もし役所からヒントとなる書面や大企業からカウンター提案を書面でもらったら大チャンスが到来である。細かい条件や文言にはこだわらずに，大枠で合意可能なレンジに入っているかどうかの大局的な判断を行い，すぐにメール等で「これで合意します」「条件を基本的に受け入れます」と返答することである。キーワードは，「カウンター提案をもらったら飛びつけ！」である

■交渉戦略以外の戦略を議論する

　交渉力ポイントが「0～5ポイント」と算出された場合に交渉戦略上はとるべきストラテジー（戦略）がほぼないことは述べた。またバーゲニングパワー（交渉力）がない特殊な交渉では「カウンター提案をもらったら飛びつけ！」と時間をかけずに合意する必要性も述べた。しかしながら，これはタクティックス（戦術）に過ぎず，ストラテジー（戦略）やゲームプラン（作戦）と呼べるものではない。

　では，交渉力が極めて弱い，あるいはゼロである状況に置かれた場合に，ほかにとるべき戦略はどんなことがあるであろうか？　以下，2つのケース（商品力が弱い場合，最終消費者に人気がある商品を持つ場合）に分けて，交渉戦略のフレームワークを超えて戦略を議論する可能性について論じていきたい。

`Example` 商品力が弱い場合にとるべき戦略

　会社の商品やサービスの交渉力が弱く，特に，その交渉力の核となる「商品力」が弱い場合には，具体的には，「差別化戦略」と「ブランド戦略」がキーワードであろう。

　商品やサービスが「コモディティ」とみなされてしまっている状況なのであれば，「価格」以外の要素でライバル商品との差別化ができていない状況であ

るため，何らかの要素で他社と差別化することが最優先の経営課題になる。それは「デザイン」かもしれないし「新たな機能」かもしれない。「差別化戦略」が必要である。

　また，「ナイスツーハブ」に分類されている商品・サービスを有している場合にとるべき戦略は「ブランド戦略」である。ブランドを構成する3つの要素は「希少性」「高品質」「差別化」であると筆者は考えている。したがって，もし「希少性」がないがために「ナイスツーハブ」に分類されてしまっているのであれば，何とかして「希少性」を生み出すようにアイディアを考えてみるのがよい。もしクオリティ面で「高品質」とまでみなされていないのであれば，より徹底してクオリティを見直して，1つ上のレベルまで品質を向上させることが最優先の経営課題になるであろう。「ブランド戦略」が必要になる。

　残念ながら，すべての課題を交渉戦略で解決することはできない。商品やサービスが置かれている状況・分類に応じて，優先して取り組むべき経営課題は異なり，とるべき戦略も変わってくるのである。まずは商品力がナイスツーハブやコモディティになっている現状を変えて，少しでもマストハブに近づけるようにすることである。つまり差別化戦略，ブランド戦略に最優先で取り組むべきである。

図5-3　「商品力」を強化するためには

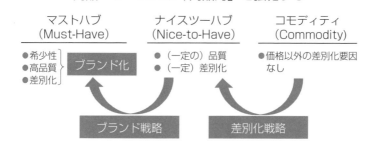

差別化戦略，ブランド戦略を立案し，
商品・サービスの「商品力」を強化する

　あなたの商品やサービスが有する交渉力が弱く，厳しい交渉を迫られている状況で有効な戦略をご紹介しよう。

　前述した通り，最近では，SNS 等で最終消費者に人気がある商品などが，一気にバズったり，話題になったりして認知が高まることが増えてきた。以前は，こうした要素を交渉力に直接的に反映させることが難しかった。

　しかしながら，最近では，オンラインの直営店を気軽にオープンすることが技術的，経済的にも容易になり，最終消費者と直接つながり，ファンをコミュニティ化しながら商品を継続的に購入してもらうような「Direct-To-Consumer」と呼ばれる手法も広がりを見せている。
　もし，あなたの会社の商品やサービスに対して，「最終消費者の人気」があり，かつオンラインの直営店の運営が可能な場合には，交渉戦略として利用することができる。

　ある商品を販売するかどうかの交渉を行っており，プライス面で折り合いがつかない場合などは，「自社で活用する」というのも BATNA になり得る。つまり交渉相手には「販売しない」という選択肢である。

　例えば，1 番自信のある商品を「オンライン直営店での限定販売」とすることにより，人気の高い商品を利益率の高いオンライン直営店で販売する（それ以外の商品については取引相手に卸して販売してもらう）という選択肢を持つことが可能である。

図5-4 最終消費者の人気がある場合

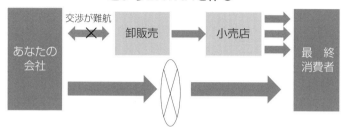

実際に，オンライン直営店での限定販売を行うかどうかは別として，そのような選択肢を交渉上，取引相手に示すことによって，あなたの会社の「交渉力」が増大し，結果として交渉相手との取引条件を良くさせることは，十分に可能である。交渉相手としては，最終消費者から絶大な人気を誇る商品が，オンライン直営店で限定して販売されてしまうと困ってしまうから，色々な条件を譲歩してくるわけである。

オンライン直営店を用いて BATNA を作る

　交渉戦略で活用できるための具体的な BATNA を作り出すためには，自前のオンライン直営店で販売した場合を想定してみる。ある一定の価格で販売した場合，自社としてどうしても死守したい粗利益額（粗利率×販売個数）があるはずである。

　そのオンライン直営店で販売した際の粗利益額を計算しておけば，他社への販売条件の交渉を行う上で，どこまで譲歩してもよいのか，どこが最終防衛ラインなのか計算できるはずである。そうすれば，万が一，交渉が決裂してもあわてる必要はない。その場合には，あらかじめ決めておいた価格，粗利率，個数でのオンライン直営店での販売を目指せばよいのである。

＊

　あなたは個人事業主として手芸用品を製作している。色々な動物のワッペンを製作しているが，トラのワッペンが大人気だとしよう。卸の取引会社との間で販売委託をしてもらおうと商談を進めていたが，どうしても希望の条件で合意できなさそうである。

　そこで，オンライン直営店で販売することを想定して，BATNA を計算してみる。卸販売と比較するとオンライン直営の場合には，粗利率が高く65% である。最近の SNS での人気ぶりを見ていると，2万個くらいは最低でもオンラインで購入されるだろうと思う。その場合には，以下の金額がオンライン直営店で販売したときに見込まれる粗利益額になる。

　500円（ワッペンの単価）×2万個（販売個数）×65%（粗利率）
＝650万円

これがオンライン直営店を用いた BATNA の作り方である。卸会社との交渉でこの金額を超える粗利額が見込まれないのであれば，交渉を打ち切ってオンライン直営店での販売に切り替えるべきである。

＊

　オンライン直営店を持ち，大手の取引相手に卸して販売してもらうこと以外の換金手段を持つこと（つまりオンライン直営店の限定販売とすること）は，これまで「交渉力」を増大させる手段を持たなかった品質の高い独自の商品を作る中小・零細企業を中心に，非常に効果的なアプローチになってきている。
　これからの時代においては，是非，オンライン直営店の開設やファンと直接つながれるコミュニティ化といった Direct-to-Consumer 戦略についての戦略を立案し，どうしたらあなたの会社の交渉力を増加させられるかを議論すべきである。

● スコアリング手法を用いた「交渉力」分析によって算出されたポイント
　（Chapter 1を参照）による「交渉力」の強さによって，「合意」「決裂」を
　以下の3つに類型化することができる。

> ▷交渉力ポイントが10-15ポイントの場合：図5-2の左のカテゴリーにある，「ビッディ
> 　ング（入札）」「再提案をしてもらう」「チキンレース」
> ▷交渉力ポイントが6-9ポイントの場合：真ん中のカテゴリーとして「合意する
> 　（BATNA を選ぶ）」「合意する（交渉相手を選ぶ）」
> ▷交渉力ポイントが0-5ポイントの場合：「追い込まれての合意 or 決裂」

● 「ビッディング（入札）」：複数の交渉相手の中で最も良い条件を提案した事
　業者を入札方式で選択する方法。究極の強気な交渉戦略

● 「再提案をしてもらう」：交渉相手が提案した取引条件について，合意可能
　なレンジ（範囲）に入っていない場合に，再度交渉相手からより良いした条
　件で提案をしてもらうこと。強気な交渉戦略に基づき，意図的に「ボールを
　受け取らない」こと。

● 「チキンレース」：デッドラインが近づいても全く主張を変えない，（重要で
　ないポイントも含めて）一切の譲歩をしないという手法がある。交渉相手が
　譲歩しない限り，合意をしないという強い立場で交渉の最終局面を迎える手
　法。

● 「合意する（BATNA を選ぶ）」：競合相手 B 社からの相見積もりは取得で
　きており（あるいは取得できる見込み），A 社との条件よりも B 社のほうが
　良い取引条件が見込める。この状況においては，A 社との商談・交渉はいっ
　たんディールブレイクすべき。

● 「合意する（交渉相手を選ぶ）」：競合相手 B 社からの相見積もりは取得で

きている（あるいは取得できる見込み）が，交渉相手であるA社との間で
より良い取引条件が見込める。この場合には，迷わずに「合意する」という
判断を行うことが会社にとって最良な選択である。

- 「追い込まれての合意 or 決裂」：あなたの会社の商品やサービスが「コモ
  ディティ」であり，あなたにとって BATNA が存在しない状況に陥りがち
  な状況。この状況を避けるためには，カウンター提案を書面でもらったら，
  大枠で合意可能なレンジに入っているかどうかの判断を行い，時間をかけず
  にカウンター提案に飛びつくことである。

- 交渉力が極めて弱い状況を打開するために，交渉戦略以外の戦略を議論して，
  自社の商品やサービスの置かれた状況を変えることを考えるべきである。
  - ▷商品力が弱い場合には，「差別化戦略」や「ブランド戦略」をとるべきである。
  - ▷最終消費者の人気が高い場合には，「Direct-to-Consumer 戦略」を議論して，オン
    ライン直営店の開設やファンのコミュニティ化を図るべきである。

Chapter 6

交渉ツール・ロケーション

　　Chapter 6 では，交渉相手とのコミュニケーション方法，コミュニケーション内容，また相手との面会場所などのロケーションについても紹介する。交渉を裏付けるロジック（論理）や戦略がしっかりと立案されていることは大切なことであるが，どのように交渉相手との意見交換，意思疎通を行うかということも極めて重要である。

メール・電話・対面・オンライン

　交渉相手とのコミュニケーションには，メール，電話，対面等がある。それぞれの方法のメリット／デメリットを整理する。

　さらに，新型コロナウイルス感染症の蔓延によってオンライン会議が一般的になった。新たなコミュニケーション手段として，あわせて整理する。

　コミュニケーションは，相手の意見や立場に自分との違いを見つけて，その違いをなるべく少なくしていくことがゴールである。そのためには，自分の主張を理解してもらうように説明する。相手の立場も理解するように質問をして理解を深めていくことも肝要である。

　そうした観点からそれぞれのコミュニケーション手段の特徴を整理していきたい。

■メール

　まず，メールというコミュニケーション手段が持つ特徴についてみる。

　自分の主張やメッセージを伝えるという点に関して言うと，あまり優れていない。どんなに気を使おうが，やわらかい言葉を使おうが，基本的には「自分の主張を一方的に行う」ということになるからである。また，相手の表情や反応を見るという点に関して言うと，相手の反応を見ることができないというデメリットが存在する。また相手との距離を縮めるという点に関していうと，メールはどうしても「冷たい」と感じられる。そのため，なかなか交渉相手との関係を構築するのは難しい。

　つまり，交渉においては，メールはあまり優れた点がなく，避けたほうがよい。

　立場や主張が異なる相手からすると受け止めるだけでもハードルが相当に高い。また交渉相手にとって理解が難しいパートが含まれていたり，複

数の選択肢について考えなければいけないような内容のメールは，交渉相手に「考える」という行為を強いるために，忙しさなどを理由にして後回しにされてしまうリスクがある。

つまり，メールでの提案，商談などは「百害あって一利無し」なのである。

新入社員や営業経験のない管理畑の社員が犯してしまうミスのうち，最も多いのがメールである。本来であれば会って意向を伺うべき質問や，提案内容をポーンとメールで交渉相手に送ってしまう。

もちろん，必要な事務連絡をすべて「面会」で行うことは非現実的であるし，その必要もない。次の商談のアレンジ（日程調整や出席者，どのような形式で商談を行うかの調整）をメールで行うことは多いと思う。その場合でも，できるだけメールでは深い話はせずに面会を実現するための事務連絡に限定したほうがよい。

■メールが有効な局面

そうは言っても，メールがまったく意味がないかというと，そんなことはなく，メールだからこそ有効なコミュニケーションがある。メールを使うべき状況とはどんな場合であるだろう？

それは，一言でいうと「証拠として残す」，「アリバイとして残す」という目的がある状況である。

あまり想定はしたくないが，交渉によっては揉めて後で係争（裁判で争うこと）になるケースもある。その裁判などに備えて，自分たちが正当な主張をしてきたことを主張するために，記録としてあえて提案内容や反論した事実などをメールで残しておくのである。

何月何日何時に，差出人の誰から誰宛てに，CC としては誰が入った状

態で，あるプロジェクトの取引条件のうち，例えば支払い条件について反論をしたという記録を残すために，メールを交渉相手に送っておくということをすべきことがある。

■オンラインと対面

それでは，次に対面が持つ特徴について見ていこう。

自分の主張やメッセージを伝えるという点に関して言うと，非常に優れている。交渉上で重要なポイントを強調したり，ニュアンスを含めて交渉相手に正確に自分たちの主張を伝えることができる。また，誤解を避けるために，丁寧に説明をすることにより，交渉相手とのコミュニケーションもスムーズに進むであろう。

また，相手の表情や反応を見るという点に関しても，どの言葉に交渉相手が反応したか，表情が変わって興味を持ったテーマは何かなど，交渉上のヒントになるような事柄を交渉相手の表情や反応から読み取ることが可能である。また距離を縮めることに関しても，特にサシ（1対1での会合）においては，リラックスした雰囲気でお互いに率直に意見を言い合い，胸襟を開いて本音を交換することで，交渉相手との良好な関係を構築することも十分に可能である。つまり一気に交渉相手との距離感を縮めることが可能な方法である。

結論としては，交渉を行う上では対面がもっとも望ましいという手段となる。対面がどうしても難しければオンライン会議を選択したいが，オンラインでは相手の表情が読み取りづらいので，効果は，面会よりも格段に低下する。
とにかく，交渉相手と会って面談をすること，そのことを最優先にして商談のアレンジをすべきである。

図6-1 交渉に向いているのは，圧倒的に「面会・面談」

面会・面談　　　**>**　　　メール

	面会・面談	メール
こちらの意図	● しっかりと伝えられる	● 一方通行の意思表明，よく誤解される
先方の反応	● 表情，息づかいからよく分かる	● 誤解に誤解を重ねる。感情的になりがち
本音	● 本音ベースの会話が可能	● 建前，強気の反応になりがち

□電話や SNS

　電話や SNS（LINE や Facebook の Messenger など）が有効な場合もある。交渉を行う際に公式な場は上司がお互いに出席・同席をして固い雰囲気であるというときに，トップ同士あるいは担当者同士で交渉相手とのコミュニケーション・ラインを構築しておくとよい。

　そうすると，公式の場で上司が言った発言のニュアンスや背景について，公式の場では聞けないような本音を「非公式」に聞き出すことができる。あるいは，お互いの合意点，妥協点を見出す際に「非公式」に担当者ベースで話し合いを続けていくというのも，よく使う手である。

　壊れかけた商談を，担当者ベースの固い絆で繋ぎ止める，お互いの会社内に広がる誤解を解いて，お互いに同じ方向を向かせることができることもある。

　このように担当者ベース，あるいはトップ同士が個人的な信頼関係や絆で結び付いており，電話や SNS 一本で非公式なコミュニケーションをダイレクトにとることができるのは，非常に重要である。

　ビジネス上，どんなに優秀な人でも「メール（あるいは何らかの形での書面）」で交渉や提案をしてしまうということは行いがちであるが，これは絶対に避けなければいけないコミュニケーションである。

6-2 オンライン交渉が 上手くいくポイント

　コロナ禍をきっかけに最近はオンライン会議が増えてきた。今後も，国内でも海外でも商談や交渉を行う際にオンライン会議という選択肢が増加していくことになるであろう。

　交渉をする際には，できるだけ対面が望ましいことを述べた。対面の交渉であれば，交渉相手のちょっとした表情の変化や緊張しているかどうかの息づかい，ニュアンスなど，人間は五感を使ってありとあらゆる情報を読み取ることができる。それに対して，オンライン会議では，こうした機微情報はわかりづらいため，対面と比べると，やはりオンライン会議での交渉は難しい。

　それでもメールと比べれば，商談や交渉を行う手段としては，格段によい。これから増えてくるであろうオンライン会議での商談や交渉をうまく進めるコツをいくつかお伝えしたい。

■アイスブレイク（Ice Break）の準備

　アイスブレイクとは緊張した雰囲気をなごませて，交渉相手との距離感を近づけるために行うものである。会ってすぐ（オンラインにログインしてすぐ）に「本題」である交渉や商談を行うことは避けるべきである。まずは交渉相手の心をほぐして，緊張関係を壊すことによって，本音がより出やすい雰囲気を作ることが肝要である。

　最もシンプルかつ当たり障りのないアイスブレイクは天気や時間・季節の話などをすることである。海外の人とのオンライン会議であれば，以下のようなカジュアルな会話である。

What time is it in your country ?

（あなたの国では何時ですか？）

It's so hot and humid in Tokyo.　How about your place ?

（東京はものすごく蒸し暑いです。あなたのほうはいかがですか？）

　もし交渉相手が現地時間の朝だとわかれば，「Oh! Good morning!」など
と大げさに言えば，笑ってくれることが多いので，雰囲気が多少なごむで
あろう。また交渉相手の住んでいるところが夏であり，海があるような場
所であれば，以下のようなことを言えばイヤな顔をする人はいないであろ
う。

Oh, I would love to go to the beach!

（あなたの国のビーチに行きたいよ！）

　逆に「Please come to Japan!」などと言ってもよい。これは国内での会
議でももちろん有効な手なので，是非，アイスブレイクから入るようにし
て欲しい。

■画面共有は早めに終える

　次に重要なのが「画面共有を早めに終わること」である。分析資料やプ
レゼンテーション資料を交渉相手に見せたいためにオンライン会議の機能
の「画面を共有する」を使うことが多いと思う。

　この「画面共有」に関して，よく見かけるミスは，せっかく交渉相手が
自由に話し出していて，新たなアイディアや合意点を見つけ出そうとして
いるにもかかわらず，ずっと資料を「画面共有」したままにすることであ
る。本来であれば，交渉相手の顔をなるべく大きな画面で見て，お互いに
同じ方向を見て話したいときに「画面共有」されている資料は障害物でし
かない。

早めに「画面共有」を終わらせることを忘れないことが肝要である。あるいは画面を操作している担当者が忘れているようであれば、「画面共有を終わってください」と丁寧に指示をすればよいであろう。

■わかりやすい表情を作る

最後のポイントは、「笑顔を作り、うなずく」ことである。

オンライン会議で本当にたくさんのひとが「渋い表情で画面をにらんでいる顔」で写っている。あなたもその可能性があるので、是非、今度、自分の顔がどのように交渉相手に映っているかチェックをしてみて欲しい。多くの場合には、別に不機嫌なわけでもなく、自分のパソコンの資料やWebサイトを見ていたり、考えながら話を聞いているときに「渋い顔」「暗い顔」をしてしまうことが多い。何かを一生懸命に考えるときに「笑いながら」するのは通常ではないからである。

しかし、交渉相手に対して、暗い顔をみせて、会議の雰囲気を悪くしてしまうと、上手くいくはずの商談も上手くいかなくなってしまうことが多い。暗い顔を見せることは避け、できるだけ「笑顔を作る」ことを意識して欲しい。また交渉相手が話をしているときに、同意できるポイント、同じ方向を向いて話ができているときには「相槌を打つ」「うなずく」ことも意識して欲しい。話をしている側は自分たちの主張が受け入れられているのか、常に心配しながら話をしていることが多い。そんな時に、あなたが「うなずいて」いれば、気持ち良く商談を進めることができるであろう。

逆に、交渉相手から合意しにくい条件や不利な提案をされている間には、あえて「顔をしかめっ面」にして「相槌を打たず」「黙っている」べきである。交渉相手に対して、あなたの会社にとって不利な条件を受け入れることは難しそうだというメッセージを送ることが望ましい。

6-3 相手を怒らせてしまったら

　さて，商談をしているなかでもトラブルは発生する。こちらのミスであることもあるし，交渉相手の勘違いが原因のこともある。特に，前述のメールでのやりとりは非常に危険で，どんどん相手の主張とこちらの言い分の間に存在する違いばかりが目につき，お互いの考えが離れて行ってしまい，感情的に怒ってしまうケースがある。

■すぐに商談先に行く

　もし部下からの報告で「A社の○○さんが，□□のことで相当怒っているそうです」と報告されたら，あるいはA社のメールをみて，交渉相手がかなり感情的な表現や言葉を書いているようであれば，すぐに交渉相手のところに向かうのが得策である。

　とにかく時間を空けずに，すぐにタクシーに飛び乗って，相手のオフィスに行く。あなたの会社側に非があるような場合には，菓子折りの1つも持って行ったほうがよいだろう。

　とにかく相手が怒っているのであれば，絶対にメールを送り返さないこと，電話もしないことである。相手のオフィスに直行，一択である。

■なぜ会うと解決しやすいのか

　なぜ，交渉相手が怒っている際に相手に会いに行くことが望ましいのか。それは，人間というのは，いざ目の前に相手が現れると，感情をそのままぶつけることを躊躇することが多いからである。

　もちろん例外はあるが，さっきまであれほど怒っていたひとが，いざ，目の前に来て「申し訳ございませんでした」と深々と頭を下げられると，最初のうちは感情的になったり，文句を延々と言い続けることもあるが，

徐々に落ち着きを取り戻し「いえいえ今度からは気を付けて下さい」と大人しくなる。怒りの対象となる人物が目の前にいると，なかなか感情的に怒り続けるというのは難しく，トーンダウンするケースが圧倒的に多いのである。

　相手の懐に飛び込むのは勇気がいることである。ましては，相手が怒っているときにはなおさらである。それでも，相手のもとに飛び込むのである。そうすれば，お互い人間である，何とかなるものだ。

　交渉というよりは，リスクマネジメントの観点からも重要なこと。それは「怒っているときこそ，クライアントに飛び込め！」である。

✏️ Tips!

日本人が苦手な「No」を告げる

　交渉では，自分の意思を正確に（何度も）伝えることが大切である。日本人が比較的苦手ではないかと個人的に感じるのが，相手に「No」というメッセージを伝えることである。

　日本人同士の交渉でももちろんであるが，特に外国人との交渉をする際には，絶対に「No」を伝えることを躊躇してはいけない。

　できれば，強く，大げさに「No」というメッセージを伝えよう。間違っても愛想笑いをしたり，無表情のまま「No」と言わないことである。強く怒った（フリ）をして，強い言葉で「No」と言おう。机をたたいて顔を真っ赤にして，というのは「芝居がかって」いるように見られるので，やり過ぎかもしれないが，個人的にはそのくらいやってもよいかと思う。

　英語の表現としてははっきり言うことが大切である。
it is not acceptable.
（それは受け入れられません。）

強く言いたいときには totally, absolutely などを使う。

it is totally NOT ACCEPT-ABLE.

　大文字の部分を大きな声で発音し，はっきりと「No」の意思表示をするべきである。

　またメールで相手から不条理な提案なり，取引条件を受け取ったら，すぐに「No」というメールを打ち返すことが大事だ。

「後で，時間が経ってから，受け入れが難しいと返答すればよいだろう」というのは通用しない。

　メールを受け取ってから，しばらく時間が経過してしまうと，交渉相手からみると，あなたの会社は相手の提案を「受け止めて，真剣に検討をしている」というメッセージを与えてしまうことになるからである。

　間違ったメッセージを発信しないためにも，合意できない条件については，なるべく早い「No」を返し，細かいカウンター条件などは改めて時間を作ってこちらから説明することでよいが，まずは取り急ぎ「No」であること「不満であること」を伝えることが大切である。

図6-2 **「NO」の意思表示はメールで早くする！**

●合意したくない条件が入っていたら，即座に「NO」

●メールでよいので，早く

●返信まで時間がかかると間違ったメッセージを相手に与える

「NO」の意思表示はメールで早く！

6-4 ロケーション（Location）

　さて，交渉を行う際にはどんなロケーション（場所）で会うべきであろうか？

■よくないニュースを伝える場合等

　一般的にあまりよくないニュースを相手に伝える場合やお断りをする際には，相手のオフィスに伺うことが多いだろう。逆に，相手から「どうしても御社にお伺いしたい」と言われた場合には，あまり良くないニュースが来るだろうとわかる。

■合意に導きたい場合等

　交渉を合意に導きたいときにはどうしたらよいだろう。

　この場合に，時々使えるテクニックとしては，あらかじめ「今日は両社で合意するまで会議室に閉じこもって，交渉をやりましょう」と宣言をしてミーティングを設定することである。

　この際には，できるだけ外が見えない閉鎖的な会議室が望ましい。これは，外に見える景色や通行人などによって交渉相手の注意や関心がそれてしまうことを避けるためである。

　もはやBATNAとの比較などは終わっていて，ディールブレイクはしないとお互いに決めている状態で，最後の細かい取引条件や文言を巡っての交渉・折衝が行われる最終局面で有効な手である。

　朝の9時，10時から始めて夜までずっと商談をすることは疲れるが，合意にたどり着いたときには，相手との間でこの上ない一体感が醸成される。その後も「懐かしい思い出」として思い出される象徴的なミーティングになるであろうから，かなりおすすめの方法である。

6-5 後腐れがない「お断り」の儀式

■上手な「断り方」「断られ方」がある

さて，交渉によっては，残念ながら交渉相手と合意に達せずに取引不成立になることがある。また，競合会社とのコンペに敗れて，魅力的なプロジェクトの獲得ができないこともあるであろう。そんな時には，交渉相手との間で「お断り」に関する儀式を行い，適切なコミュニケーションをしなければならない。ただ，「お断り」をするにもうまい「お断り」の方法，上手な「断られ方」がある。

お断りをする際，あるいは，お断りをされる際に，どういう方法で，どのメンバーで「お断り」の儀式をするかは，慎重に考えなければいけない。

■上手な「断り方」

まず，あなたの会社からお断りをする場合である。交渉相手との関係上，非常に気を使う相手であり，ビジネス上も極めて重要なパートナーであり，関係性を損ないたくないという場合には，メール一本でお断りというのは，相手の心情を害するリスクがある。電話だけでも危険であろう。

やはり，交渉相手のもとに飛び込んでいって，「面会」するのが正解である。

その際に，あなたの会社側で真剣に検討を行ったこと，どうしても取引条件についての考え方で難しい箇所があったことなど理由をきちんと説明した上で，今後の新しいプロジェクトについては引き続きお声がけをしたいこと等を言って，その交渉を手仕舞いにすべきである。

出席メンバーは，重要なプロジェクトであれば，実務担当レベルではなく，上司などにも同席を仰ぎたい。そのことによって，交渉相手に対するあなたの会社の「本気度」「誠意」が伝わり，長期的なパートナーシップ

関係にヒビが入ることを防ぐことができる。

■一般的な「断わられ方」

　合意を目指していたが，交渉相手に選ばれずに取引不成立という場合もある。この場合には，交渉相手があなたの会社に来社して，「お断り」の儀式をするとなった場合に，どうしたらよいだろう。

　あなたの会社の上層部，マネジメントである立場の人間は参加させずに，実務レベルの担当者が対応する，その上できちんとしたご説明をして頂く方法がベストだと思う。トップ同士が会ってしまうと，気まずい雰囲気になるし，意味がない。「面会」することの重要性を前述したが，「お断り」の儀式でトップ同士は会わないほうが得策と個人的に思う。

　担当者同士の面談の後に，メールで「お断り」の理由や説明を記して「証拠」としてもらうことは有効である。そのメールや交渉相手から聞いた理由を社内的に上層部・マネジメント層への「交渉決裂・不成立」の説明材料として使い，実務担当者がプロジェクトの手仕舞い作業を始めるわけである。交渉の経緯，取引不成立になった主な理由，交渉相手側の主張の裏付け・背景など，社内の人間が納得するような説明を行う。

■上手な「断られ方」

　それでは，上手な「断られ方」とはどんな手法であろうか。

　交渉を複数の会社と行っており，結果としては目の前の交渉相手A社との取引はせずに，ライバル会社であるB社のBATNAを選択したという場合に，A社とはディールブレイクをする必要がある。

　この際，あなたの会社から直截的に「ライバル会社のB社との条件のほうがよいので，A社さんとはお取引きしません」と言うのは，最悪のコミュニケーションである。A社が感情的になる可能性もあるし，長い信頼関係が傷つくおそれもある。

うまくディールブレイクをしながらも，関係性が損われずに済む方法はないであろうか。そこで登場するのが，「上手く断わらせる」という方法である。

あらかじめ，心の中ではライバル会社B社を選ぶことを決めている場合には，交渉相手のA社とは，常に「お断り」を念頭に入れておかなければならない。万が一にも，A社が「合意できます」と言ってきたら，A社と契約をしなければならないわけであるから，中途半端な条件をA社に提案してはいけない。

そんなときには，最初から「お断りをしてもらう」ことを目的にして，A社にとっては絶対に受け入れることができない条件を入れた提案をするのである。結果としては，あなたの会社が「断った」のではなく，A社に提案したが「A社にお断りをされた」という事実にすることが目的である。「私たちの会社としては，最善を尽くして，ご無理を承知ですがご提案をさせていただいた」ということで，心証を悪くしないように振る舞いながら，結果として交渉相手に「上手く断わらせる」という高等テクニックである。

■交渉相手の「悪口」は慎む

交渉相手から「お断り」をされた際に，交渉相手との関係が著しく損なわれないように，無用に交渉相手の「悪口」を交渉不成立の材料として使うことは厳に慎むべきである。

交渉が不成立になり，ディールブレイクした際に，懸念されることは，保身から，担当者が社内報告を歪める行為である。交渉を担当していた自分の評価が下がらないように，情報を意図的に曲げて社内報告する事例が，時々存在する。また，交渉相手を「悪者」に仕立てあげて，すべてを交渉相手のせいにしようとするケースもよく存在する。

交渉相手を過度に「悪者」に仕立て上げること，交渉相手の言ってもいないこと，事実とは異なる交渉経緯などを社内で報告すること，担当者である自分の評価が下がらないように，情報を意図的に曲げて社内報告する

ことがあってはならない。

　そうした必要以上に交渉相手の「悪口」を言うことや，細かい「ウソ」，「事実の歪曲」をしてしまうと，情報の裏取りをすれば必ず整合性がとれない点が出てきてしまうものである。早晩，こうしたねじ曲げは白日の下に晒されるだけではなく，結果として，「小さなウソがばれないようにするためにウソの上塗りをする」ことなどを通して，あなた自身やあなたの会社を苦しい状況に追い詰めてしまうこともある。交渉相手の「悪口」を必要以上に言うことや「悪者」に仕立て上げる行為は，絶対に避けるべきである。

　あくまでも，交渉相手のインタレストと合致しなかった部分はどこであるか，反対した部署はどこであったか等を客観的に振り返り，事実だけを報告すべきである。

　交渉不成立の原因と理由に関する正しい情報や振り返りが社内で経験値として積み上がっていけば，交渉相手のインタレストがどこにあるのか，どの部分に強いこだわりがある会社なのかといったことが判明し，より良い関係を築く（もしくは取引すべきではない会社であると見切る）ことにつながっていく。

一面会，メール，電話，SNS など一

● 交渉や提案をする際に最も良いコミュニケーション方法は，交渉相手の表情がよく読み取れて，打ち解けた本音が出やすい「面会」「面談」である。

● 本来であれば会って伺うべき質問や，提案内容を交渉相手に「メール」で送ってしまうことは避けなければいけない。

● 「メール」が有効なのは，交渉過程やこちらの主張を「証拠として残す」「アリバイとして残す」という必要があるときである。

● 「電話」や「SNS」が有効なのは，公式の場では聞けないような本音を「非公式」に聞き出したいときや，お互いの合意点，妥協点を見出す際に「非公式」に担当者ベースで話し合うときである。

● 交渉相手が怒っている際には，メールでは返答せずに，すぐに相手に会いに行くことが望ましい。

● 合意できない条件を受け取ったら，なるべく早いタイミングで取り急ぎ「No であること」「不満であること」を伝えることが大切である。

● 交渉を合意に導きたいときの「ロケーション（場所）」としては，外が見えない閉鎖的な会議室が望ましい。あらかじめ「今日はお互いに合意するまで閉じこもって，交渉をやりましょう」と宣言をして，ミーティングを設定することが有効だ。

一お断りの仕方一

● あなたの会社から断る場合は，プロジェクトの重要性によって出席するメン

バーを検討し，交渉相手の元に伺い，きちんとした理由とともに「面会」するのが正解である。

● あなたの会社が交渉相手から断られる場合には，あなたの会社の上層部，マネジメントの立場の人間は参加させずに，実務レベルの担当者が対応する。その上できちんとした説明をしていただく方法が最善。そのメールや交渉相手から聞いた理由を社内的に上層部・マネジメント層への「交渉決裂・不成立」の説明材料として使い，社内的な手仕舞いを行う。

● ディールブレイクをすることを目的にして，交渉相手にとっては絶対に受け入れることができない条件を入れた提案を行い，「交渉相手からお断りをされた」という事実にする，交渉相手に「上手く断わらせる」というテクニックも存在する。

● 交渉が不成立になった場合に，自分の保身から交渉相手の「悪口」を必要以上に言うことや「悪者」に仕立て上げる行為は，絶対に避けるべきである。

Chapter 7

交渉でビジョンを実現する

　本書で説明をしてきた交渉が目指すのは，「取引相手との長期的なパートナーシップを構築して，お互いに享受する果実（パイ）の面積を拡大すること」である。

　そのためには，交渉変数を増やして，パイの面積を広げるような話をしていくことが必要である。

7-1 果実（パイ）の面積を広げる

　さて，Chapter 2 では主にプライス（価格）という交渉変数に絞って説明をしてきた。また，Chapter 4 〜 5 においては，強い交渉力を有する場合にはデッドラインを設定し，ディールブレイクをすることの効果も説明した。

■ロジックを超えて交渉が合意されるゼロサムゲーム

　しかしながら，交渉変数をプライスのみに絞り，短期的な合意だけを目指すと，交渉は行き詰まることが多い。なぜならば，その交渉はお互いに「高い」か「安い」かの主張をし合うだけの「言い争い」になり，それは業界の中でのステータスやポジションや，ロジック（論理）を超えたウェットな人間関係の強さだけで，交渉が合意される（あるいは決裂する）からである。

　そうした合理的ではない交渉においては，本来であれば，適切な価格で合意されるべき取引が，無理やり高い金額で購入させられたり，安い金額で納入されることを強要されたりすることになる。

　こうした交渉のことを，経済学の世界では「ゼロサムゲーム」という。片方が得をしているときに，交渉相手は損をしている。つまり，誰かの犠牲の上に，利益が生じているという状況だ。ウィンウィンの関係にはなっていないので，理想的な姿ではない。

図7-1 「ゼロサムゲーム」の場合

「短期」で「単線」型のゼロサムゲームは交渉が決裂しやすい

□目指すべきゴールとは

　本書で説明をしてきた交渉が目指すのは，こうしたゼロサムゲームのように「交渉相手を出し抜く」，「交渉相手の企業を叩きのめすことで勝利を得ること」ではない。

　目指すべきゴールは取引相手との長期的なパートナーシップを構築して，お互いに享受する果実（パイ）の面積を拡大することである。そのためには，交渉変数を増やして，パイの面積を広げるような話をしていくことが必要である。

Example　アルコール販売におけるパイの拡張

　アルコール飲料の販売をめぐる取引について交渉をしていると仮定しよう。今の交渉内容は，いかに高く，いかに多くのアルコール飲料を取引相手 A 社に買わせるかという面にばかり焦点が当たってしまっていて，交渉が行き詰まってしまった。そんなときに，BATNA と比較してディールブレイクするかの「判断」をするだけでよいだろうか。

　次のような新しい条件を入れて交渉をしてみると，どうなるであろう。例えば，以下のような条件である。

●アルコール飲料に加えて，お茶の取引をする

　こうしてみると，視点が変わる。交渉変数を増やすと，これまで「高い」，「安い」というポイントで対立しか見えなかった交渉の関係が変わってくる。
　両社でアルコール飲料の取引に加えて，お茶の取引を行うことで，取り得るパイ（果実）の面積を広げるように，話を展開するのである。

図7-2　「長期的・複線型のパートナーシップ」の重要性

　さらに，SDGs，サステイナビリティの重要性が問われているビジネス環境を踏まえれば，アルコール飲料に使われる原料の精製過程で出されるCO_2をどうやって減らすか？　容器として使われているプラスチックに代替する容器をどうするか？　などの問題を一緒に考えていくことができれば，同じ方向を向いて新しい領域でのビジネスを開発していくことも可能であろう。まさに，交渉変数を増やすことによって，視野が変わり，ビジネスのパイ（果実）の面積を増やしていくことができるのである。

7-2 交渉人としての真価を高める

■長期的な信頼関係を構築する大切さ

　交渉相手とのパイ（果実）の面積を増やすことは，交渉が目指すゴールである。つまり，交渉相手との信頼を構築して，短期的なゼロサムゲームではなく，パイ（果実）をともに目指すような長期的な取引にしていく。

　そのような，交渉相手やクライアント（お客さん）との「長期的な信頼関係を築くこと」はどうしたら実現するだろうか。

■主張に正当性（Legitimacy）を持つこと

　交渉相手との長期的な信頼関係を築くために最も大切なことは，主張に正当性を持たせることである。これまで，いわゆるプライスを含めた取引条件の根拠となるロジック（算出論理）などの主張に，正当性を担保することが重要であると述べてきた。つまり，根拠があり，裏付けがある主張をするのである。

　交渉を続けていけば，ディールブレイクになった実績も，ディール成立になった実績も両方とも積み上がっていく。その交渉プロセスにおいて，主張するプライスや取引条件が正当性を持ち，裏付けがあることに気をつけていれば，自ずと市場の中で適正なプライスのレンジ（幅）がプレーヤー間で共有されるだろう。

　あなたの会社が一貫した正当性を有するプライス設定を続けている限り，交渉相手もあなたの会社の商品やサービスを不当に安く買い叩こう（高く売りつけよう）としても無理なことは理解し，過去の取引実績を踏まえて最初からそうした交渉は仕掛けてこないであろう。

逆に，ある交渉相手には足元をみて高値で売りつけ，ある交渉相手には温情をかけて特別に安く販売してあげたりしていると，一貫したプライス設定や正当な主張を行っていない不誠実な会社であるという烙印を押されてしまう。つまり，あなたの会社は公平ではなく，交渉相手の顔色をみて取引条件を変える会社だとみられることになる。

交渉がうまくいかずにディールブレイクになる事例があったとしても，交渉不成立の原因と理由に関する正しい情報や振り返りが社内で経験値として積み上がっていけば，交渉相手のインタレストがどこにあるのか，主張の正当性はどこに根拠があるのかといったことが判明し，より良い関係を築くことにつながっていくと考える。

交渉相手との長期的な信頼関係の醸成のためには，主張に正当性を持つことが必要なのである。

■ディールブレイクしたときこそ，あなたの真価が問われる

あなたの主張に正当性はあるのか，主張に根拠はあるのか，裏付けはあるのか，一貫したことを言っているのかという点について大切にして欲しい。これは，私が読者に最も伝えたいメッセージである。

ディールの交渉は繰り返し行われる。大きなハードルを乗り越えて合意に達することもあるが，残念ながらディールブレイクになることもある。そんな時こそ，あなたの「交渉人」としての真価が問われるのだ。

ディール（取引）不成立になったとしても「また，次の交渉があったら，この人と話がしたい。」と思ってもらえることが理想である。そのためには，交渉のプロセスが大切であり，常に誠実に，正当性のある主張を，一貫した姿勢で行うことが大切である。このこと以上に大切なことはない。

Chapter 7 Summary

● 交渉変数を「プライス」のみに絞り，短期的な合意だけを目指すと，交渉は行き詰まることが多い。

● 経済学の世界では「ゼロサムゲーム」という。片方が得をしているときに，交渉相手は損をしている。つまり，誰かの犠牲の上に，利益が生じているという状況であり，理想的な交渉ではない。

● 取引相手との長期的なパートナーシップを構築して，お互いに享受する果実（パイ）の面積を拡大することが交渉の目的である。

● 交渉変数を増やして，新しい領域でのビジネスなどの同じ方向を向いた議論を行い，ビジネスの果実（パイ）の面積を増やしていくことを目指すべき。

● また，長期的な信頼関係が大切であり，正当性のあるロジック，ぶれない交渉戦略を貫くことが最も大切である。

あ と が き

　本書の「交渉戦略」はいかがであったろうか。

　実践的な手法を盛り込んだつもりでいるが，学問的な内容も含めたフレームワークになっているために，明日からのビジネスですぐに使うためにはハードルがあると感じた方もいらっしゃるかもしれない。あるいは，自分は営業や交渉の担当者ではないので，本書に書かれている内容は理解したものの，実践する場がないという方もおられるかもしれない。

　本来であれば，ビジネスの場で本書の内容を実践していただくのがベストであるが，「交渉戦略」を実験として使ってみる場は日常に転がっている。まずはご自分の家庭から始めてみるのもよいかもしれない。週末に行う家族イベントについて合意する（もしくは合意しない）ために家族のインタレストを探るところから始めてみるのはいかがだろうか。

　私は，「合意ありき」の交渉ではなく，合理的な交渉戦略に基づいて実践を行えば，どなたでも「タフ・ネゴシエーター（強い交渉人）」になれると信じている。

　タフ・ネゴシエーターというと，高圧的な交渉スタイルの人物や，言葉巧みに人を操り揺さぶりをかけてくる人間を想像するかもしれない。しかしながら，私が伝えたかったのは，読者の方々が本書に書かれてある内容を実践していけば，誰でも「タフ・ネゴシエーター」になれるということである。強面の態度や特別なスキルなどは要らない。

　商品力の分析を含めて「おのれを知る」という交渉力の分析作業から始めて，BATNA が無ければ作り出し，場合によってはディールブレイクをちらつかせながら，正当性のある主張を一貫して行う。是非，本書でご

紹介したゲームプランや手法を実践してみていただきたい。

　サラリーマン時代に最初に勤務したJ.P.モルガン証券の上司，先輩方には，本書を書くきっかけとなった交渉の魅力，バンカーとしての駆け引き，コミュニケーションの基本をご教示いただいた。特に，朱殷卿氏，高田智泰氏は新人だった私を愛情込めて育てていただき，その後のキャリアの原型を作って下さった。またウォルト・ディズニー・ジャパンの上司，同僚からも日々のディール交渉の中にあるさまざまな議論の中で多くの気づきをいただいた。特に，児玉隆志氏，田中久也氏には，厳しいビジネスの現場で的確なアドバイスとご指導を賜った。そのエッセンスを私なりに交渉戦略に盛り込んだつもりである。

　その後，社会人向けビジネス研修で講師を務める機会を得て，受講生との間で双方向の講義をしたが，実際に働く現場からの貴重なインプットをいただくなど，非常に有意義な時間を過ごすことができた。また，大学関係者の研究者とも，日本の交渉戦略のあり方等について議論をさせていただく僥倖にめぐりあい，交渉戦略の内容をさらにブラッシュアップすることができた。特に，大阪大学の原圭史郎教授，千葉大学医学部附属病院の佐藤大介特任准教授には忙しい中，本書のレビューをお願いし，コメントを頂戴できたことに対して御礼申し上げたい。

　本書が上梓できるきっかけをくださった高森厚太郎氏，渡部数満氏にはこの場をお借りして御礼を申し上げたい。また，中央経済社の高橋真美子氏には大変お世話になった。以前より高橋氏が編集された書籍の構成が素晴らしいと思い，是非担当をお願いしたいと思っていたが，本書を見違えるようにわかりやすい構成に編集して下さって感激・感動をした。
　その他，数多くの方々が私のキャリア人生を支えてくださり，数々の失敗や眠れない日を通して経験したビジネス体験を積み重ねてきた結果として，本書は出来上がっている。そういう意味では，本書は私の「闘いの記録」でもある。関わって下さったすべての方々に感謝を申し上げたい。

〔著者略歴〕

岩崎　明彦（いわさき　あきひこ）

東京大学法学部卒業。米系投資銀行 J.P. モルガン証券にて企業の M&A アドバイザリー業務に従事。独立系ファンドを経て，2008年にウォルト・ディズニー・ジャパン株式会社に入社。ハリウッドビジネスの交渉を数多くこなすとともに，サステナブル事業，動画配信サービス等の新規事業の立ち上げを担当。

ディズニー社日本法人取締役（2017年10月～2020年9月末）を経て，パブリックマインド代表。
社会的投資ファンドの運用を通して，社会課題の解決，持続可能社会の実現，伝統文化の継承・発展のために活動。円谷プロダクション CSR アドバイザーなど企業の社外アドバイザー，社外取締役等を務める。

著書に『「フラガール」を支えた映画ファンドのスゴい仕組み』（角川 SSC 新書）などがある。

世界標準の交渉戦略
ウォール街・ハリウッドで実践されるフレームワーク

2022年4月25日　第1版第1刷発行

著　者　岩　崎　明　彦
発行者　山　本　　　継
発行所　㈱中央経済社
発売元　㈱中央経済グループ
　　　　パブリッシング

〒101-0051　東京都千代田区神田神保町1-31-2
電　話　03(3293)3371(編集代表)
　　　　03(3293)3381(営業代表)
https://www.chuokeizai.co.jp
印　刷／文唱堂印刷㈱
製　本／㈲井上製本所

©2022
Printed in Japan

※頁の「欠落」や「順序違い」などがありましたらお取り替えいたしますので発売元までご送付ください。(送料小社負担)
ISBN978-4-502-41971-3　C3034

JCOPY〈出版者著作権管理機構委託出版物〉本書を無断で複写複製（コピー）することは，著作権法上の例外を除き，禁じられています。本書をコピーされる場合は事前に出版者著作権管理機構（JCOPY）の許諾を受けてください。
JCOPY〈https://www.jcopy.or.jp　e メール：info@jcopy.or.jp〉